经典 **历史**

中国历史上著名的
发明家

李默 / 主编

广东旅游出版社
GUANGDONG TRAVEL & TOURISM PRESS
悦读书·悦旅行·悦享人生

中国·广州

图书在版编目（CIP）数据

中国历史上著名的发明家 / 李默主编 . — 广州：
广东旅游出版社 , 2013.10（2024.11 重印）
ISBN 978-7-80766-657-8

Ⅰ . ①中… Ⅱ . ①李… Ⅲ . ①发明家—生平事迹—中
国—通俗读物 Ⅳ . ① K826.1-49

中国版本图书馆 CIP 数据核字 (2013) 第 221362 号

出 版 人：刘志松
总 策 划：李 默
责任编辑：张晶晶　梁诗淇
装帧设计：盛世书香工作室　腾飞文化
责任校对：李瑞苑
责任技编：冼志良

中国历史上著名的发明家
ZHONG GUO LI SHI SHANG ZHU MING DE FA MING JIA

广东旅游出版社出版发行
（广东省广州市荔湾区沙面北街 71 号首、二层）
邮编：510130
电话：020-87347732（总编室）020-87348887（销售热线）
投稿邮箱：2026542779@qq.com
印刷：三河市嵩川印刷有限公司
　　　（河北省廊坊市三河市杨庄镇肖庄子村）
开本：650×920mm　16 开
字数：105 千字
印张：10
版次：2013 年 10 月第 1 版
印次：2024 年 11 月第 3 次印刷
定价：45.80 元

出版者识

　　《经典历史》是一部全景式图文并茂记录中国文明历史的大书。出版者穷数年之力，会集各方力量——专家、学者、编辑、学术顾问们，在浩如烟海的历史档案、资料、著作中，探珍问宝，追寻中华文明在悠悠历史长河中的灿烂之光。此书的出版，凝聚了编撰者的心血，学术顾问们的智慧。尤其是李学勤先生，亲自动笔写下了序言，更增加了本书沉甸甸的分量。

　　中华文明的历史充满了辉煌与苦难，成就和挫折。它的历史无处不在，决定着我们中国人今天的思想和感情。当今的中国和中国人是中华文明的历史造就的，是中华文明的历史的延伸，也是它的一个组成部分，中华文明的历史之河奔流到现在。

　　中华文明是人类历史上最伟大的文明之一，是人类文明发展的主要构成。中华文明丰富、深刻、辉煌、博大，在人类文明中的骨干作用和领导作用人所共知。在人类文明的发源时期，中国就是四大古国之一，是地球上文化的策源地之一。在人类文明的早期，中华文明成为文明在东方的支柱，前后200年间，人类的汉帝国与罗马帝国这两只铁手攫住了地球。在欧洲进入中世纪的时候，中华文明更成为人类文明最主要的领导，它的文明统治东亚，传遍世界。进入近代，中华文明处于自身的重压和西方的欺凌下，但中国人民的斗争史和奋起精神是人类文明历史中不可缺少的一页。

　　五千年的中华文明为人类贡献出了从思想家孔子到科学技术的四大发明，从唐诗宋词到长城运河的伟大创造；贡献出了从诸子百家到宋明理学，从商周铜器到明清文学的深刻内涵；也贡献出了从五霸七强到三国纷争、从文景之治到十大武功的辉煌历史。中华文明的历史绚烂多彩，在人类文明的历史长河中永放光芒。

　　中华文明也是人类历史上最独特的文明，没有哪一个文明像中华文明这样持久，这样统一一致。世界上其他文明不但互相交错，其创造者也都与高加索人种有关，它们是姐妹文明。在人类历史中，只有中华文明才是独特的，它的创造者是中国土地上的中国人民，与其他任何地方的人民都没有关系，它的文化是统一一致的文化，可以不依赖于其他任何文明而生存，但中华文明也绝不是封闭的，它接受他人的文化，也承担自己对于人类的责任。

　　人类进入新世纪，中国的社会经济发展令世人瞩目。人们对于世界未来的政治和经济结构的估计无不以东亚和太平洋为中心，而尤以中国为重点。

经济起飞只是当代中国的一个方面，中国的精神文明建设尤为刻不容缓。如果中国要自觉地发展中华文明，要有意识地使中国的发展具有世界意义，就必须发展强有力的精神文化，这样才能使中华文明的发展进入一个新的阶段，才能形成中国和中华文明的全面现代化。

而中国的精神文化的发展植根于中华文明的伟大传统之中。进入近代之后，在西方文化的冲击下，对于中国文化的价值产生了大量的情绪化和激烈冲突的论调。"五四"运动"打倒孔家店"的口号具有冲破封建束缚的时代意义，对中国文化的发展有不容否认的正面意义，与文化虚无主义是完全不同的。文化虚无主义者否定中国传统文化，在现代化的旗帜下主张全盘西化；而复古主义则沉迷于中国文化的古董，走进反进步、反科学的泥潭。

历史的发展则超越了所有这些论点，产生这些论调的一百多年来的中国近代史已经结束。历史要求中国发展，要求中国走在全世界发展的前列。西化论和复古论都已过时，历史已经要求世界超越西方，中国可以承担起世界的命运，而中国的现实和世界的历史都说明，中国的使命在于它的发展前进，而非倒退。

中华文明走出迷惘的时代，我们这一代处在一个伟大而具有挑战的历史阶段。

总结历史、展望未来，这就是《经典历史》的意义和使命。我们创作《经典历史》，力求总结和回顾中华文明的全貌，在内容和形式上都开创一个新的局面。在内容结构上，既具有一定的深度，又具有相当的广博性，既有严谨、准确的学术价值，又有活泼、流畅的可读性。本丛书内容纳了中华文明的各个方面，使它综合了大规模学术著作的系统性、严密性和普及读物的全面性、简易性，它既可作为大型工具书检索中华文明的各个成分，又可作为通俗的读物进行浏览。

我们从上世纪90年代初起就开始思考中华文明的历史和现实问题，并逐渐形成了编著《经典历史》的设想。在开展这项庞大的文化工程之始，我们就聘请了国内权威学者李学勤、罗哲文、俞伟超、曾宪通、彭卿云诸先生担任学术顾问，他们对计划作了充分讨论，并审阅了大量初稿。我们聘请了广州、香港地区的社会科学学者、大学教师、研究生以及我社编辑人员几十人担任稿件的撰写工作。

通过创作这部书，我们深深地感受到了中华文明的博大精深，也感受到了它的内在缺陷。中华文明具有辉煌的时期，也有苦难的年代，有它灿烂的成就，也有其不足的方面。中华文明在自身中能够吸取充分的经验和教训，就能够使自身健康壮大，成长发展。

通过创作这部书，我们也深深感受到了出版事业的使命和重任。我们希望这部书能受到广大读者的喜爱，起到它所应当起的作用，为中华文明的反省、前进和奋起作一点贡献。

目 录

磁山文化：世界上最早植粟和养家畜

1933年首次发现于河北武安磁山的磁山文化大约出现在前5400年—前5100年，它与裴李岗文化一样是华北新石器时代早期的重要文化。磁山文化主要分布在冀南、豫北等地。

农业是磁山文化的主要生产部门，在磁山80个窖穴中发现有腐朽粮食粟的堆积，有的厚达2米以上，当时的农业生产工具有磨制多于打制的石斧、

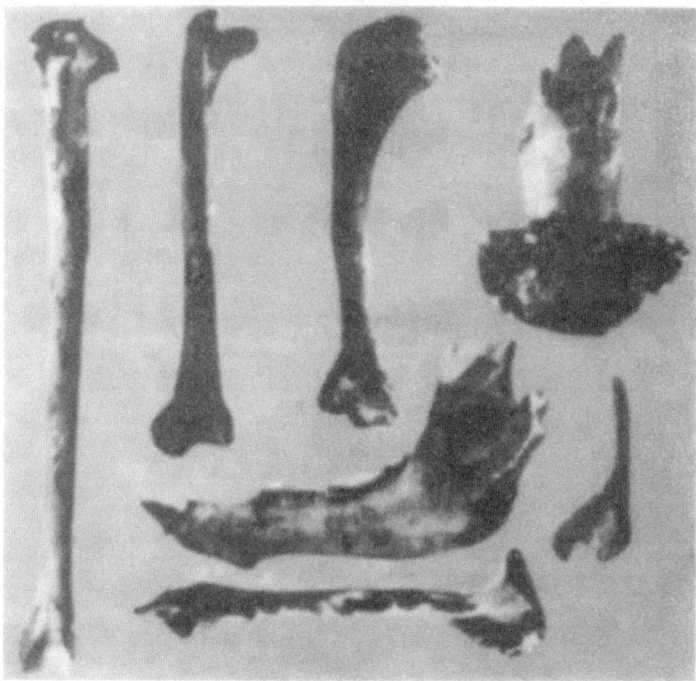

磁山文化出土的鸡、狗骨骼，是世界上已知最早的养鸡遗迹。

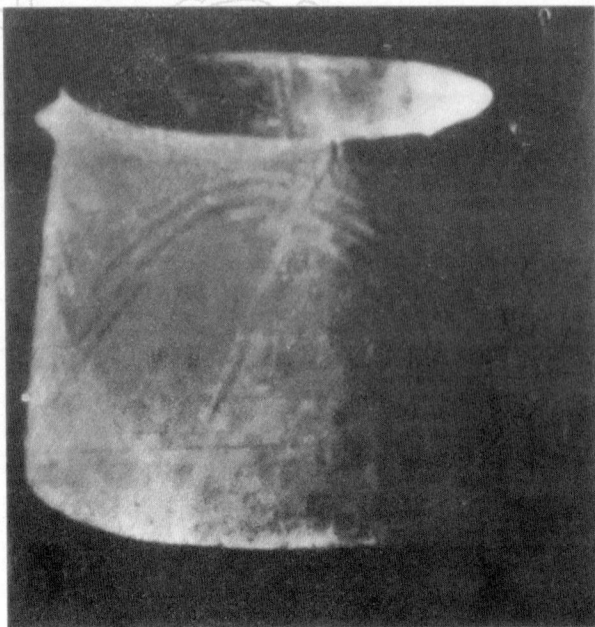

磁山文化陶盂

石刀、石镰、石铲和石磨盘等，制作不如裴李岗文化精细，而且器形与裴李岗略有不同。磁山的石磨盘多呈柳叶形，石镰一般是有刃无齿的。

遗址出土的骨镞、鱼镖、网梭以及鹿类、鱼类、龟类、蚌类和鸟类等骨骸，表明渔业经济仍占重要位置，家兽出土的骨骸有猪、狗、牛、鸡。从当前已知的材料看，磁山文化的主人是世界上最早培植粟和饲养鸡的人。

遗址中还出土有榛子、胡桃和小叶朴等炭化果实，说明当时的磁山人还从事一定的采集活动。

出土的陶器有红、褐、夹褐色 3 种，红色陶样片测定其烧成温度为 700 至 900 摄氏度。

马家浜人食用粳稻

1959 年，浙江嘉兴马家浜地区发现一处新石器时代的文化遗址。随后又在江南地区的太湖周围，包括苏南、浙西和上海一带先后发现不少相似的新石器早期遗址，如青浦崧泽遗址、吴县草鞋山遗址、吴兴邱城遗址等，人们把它们合称为马家浜文化，年代约为前 4700 年—前 32000 年。

马家浜文化主要特点是：（1）陶器多为红陶。以外红里黑或表红胎黑的泥质陶器为多，普遍采用慢轮修整或轮作，夹砂陶以红褐色为主。器皿花瓣最具特色。（2）使用玉璜、玉玦等装饰品。这类玉器后来成为我国传统装饰品。（3）盛行俯身葬。在马家浜、草鞋山等遗址中发现墓葬 200 多座，多为单人俯身葬。还有同性合葬墓，反映马家浜文化还处在母系氏族社会。

马家浜文化以农业生产为基础，主要作物是水稻，当时的马家浜人已食用粳稻，在该地区的遗址中都发现了稻谷——粳稻和籼稻。罗家角遗址 3、4 层出土的粳稻，年代在前 5000 年左右，是目前中国发现的最早的粳稻遗存，在圩墩发现一件残木铲，仅有铲身，两面削成扁平状，刃部较薄。收获用的石刀数量少，制作粗糙。

马家浜人食用粳稻，说明中国栽培稻谷已有七千年以上的历史。中国是世界上栽培水稻最早的地区之一，对世界水稻生产的发展作出了重要的贡献。

新乐人使用煤精

　　1973 年，人们在辽宁省沈阳北郊新乐工厂附近发现了新乐遗址。新乐遗址大约在前 5300 年—前 4800 年之间，是中国北方新石器时代最早的遗存之一。

　　在遗址下层发现一座半地穴式房址，平面的圆角长方形面积近 25 平方米，现存壁高 40 厘米，室内中部有灶坑。

　　遗物中有不少磨制石器，比如长三角形石镞、斧、网坠等。打制石器有砍砸器、石铲、网堕和磨盘、磨棒等。陶器以夹砂褐陶为主，竖"之"字线纹和弦纹为其特征性纹饰。

　　遗址中发现了磨制的圆泡形饰、圆珠等煤精饰物，雕刻精细，漆黑光亮，是目前发现最早的煤精制品。

　　新乐人使用煤精，大大提前了中国煤精工艺的历史。

新乐文化的煤精工艺品

夏禹治水

　　根据文献记载和古代传统，尧、舜之时，鲧奉命治理水患，失败被杀，其子禹（约前 2033 年—前 1989 年）被推举继承父业，平息水患。禹不辞辛苦，排除万难，居外十三年，三过家门而不入，终于疏川导滞，治水成功。

　　禹吸取其父失败的教训，改变方法，不采取修堤筑坝、壅防百川的办法，而是开沟修渠，以导为主，依据地势高低排除积水和疏浚滞淤，使原来的沼泽"渥地"改变成"桑土"良田。

　　结合河南豫西地区的考古发掘材料看，原始氏族社会末期的仰韶文化和龙山文化早期的文化，还多分布在浅山区和丘陵地区河谷两岸的台地上，而龙山文化中期与晚期的聚落遗址，不但数

大禹治水像

量较前显著增多，而且在靠近河岸两侧地势比较低的地带，特别是在河南豫东大平原地区，也多有分布。这很可能和禹治水成功，使农业生产发展从而促进整个地域发展有关。

大禹陵

祖甲始创周祭之法

商代鼎盛时期，高宗武丁偏爱幼子祖甲，打算废太子祖庚而改立祖甲为太子。祖甲认为这是违礼之举，不可强行废立，否则就可能重演"九世之乱"的局面，因此他效法文王武丁当年之举，离开王都，到平民中生活。武丁死后，由太子祖庚继承王位。祖庚即位十年左右病死，祖甲这才回到王都继承王位。

为了报效先祖功德，商人盛行祭祀，但所祭对象和顺序都很零乱，没有一定的规矩。祖甲即位后，创造了"周祭"之法，具体方法是：从每年第一旬甲日开始，按照商王及其法定配偶世次、庙号的天干顺序，用羽、彡、肜

小屯祭祀场。商代古文化遗址。从这些祭祀坑中的遗骨数量，可见商代盛行的人殉和牲殉之残酷。

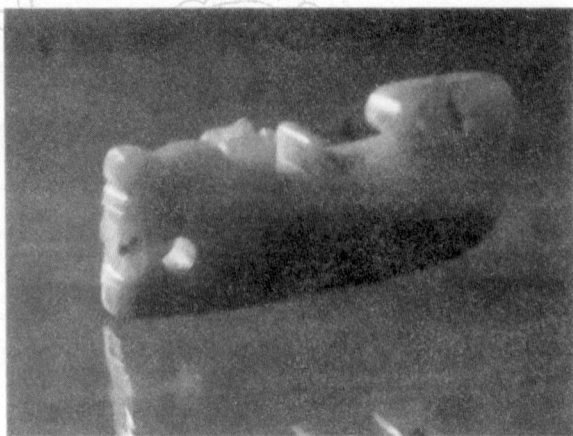

商代后期龙形玉佩。通体作龙形，张口露齿，尾卷。这类圆雕玉佩，在商代玉器中极为少见。

三种主要祭法遍祀一周。周祭以旬为单位，每旬十日，都依王、妣庙号的天干为序，致祭之日的天干必须与庙号一致。如：第一旬甲日祭上甲、乙日祭报乙、丙日祭报丙，直至癸日祭示癸；第二旬乙日祭大乙、丁日祭大丁；第三旬甲日祭大甲、丙日祭外丙。如此逐旬祭祀，一直祭到祖甲之兄祖庚。用一种祭祀法遍祭上甲到祖庚的先公先王，需要九旬。祭毕，再分别用另两种祭法遍祀，直到全部祭遍为止。周祭之法，使殷人的祭祀系统更为严密规范，因此盛行于商代后半期，并逐渐达到最高峰。

祖甲创立的周祭之法是祖先崇拜和宗族制度的最好体现。在上古文明中，各大民族都有自己的祭祀体系，周祭之法和古巴比伦、古埃及的祭祀法各不相同，是中国古代特有的祭祀系统。

鲁国测量日影长度以定冬至

周惠王二十三年（前654年，鲁僖公六年）冬至，鲁僖公参与测量日影长度的活动，以确定冬至的时间。据《左传》记载，春秋时已有二分、二至、启（立春）、闭（立夏）等节气。当时已有土圭用于测景。

这说明在春秋时中国人已懂得用较为科学的方法来观测划分四季，并有比较科学的历法和测量工具。

龙凤纹玉璧。春秋时代文物，山东曲阜市鲁故城出土。曲阜，西周至战国时代曾为鲁国都城。在这里曾发掘出鲁都城的城垣和宫殿基址。从出土的陶器、铜器、玉器等文物看，鲁文化是在继承了商文化和周文化之后综合发展形成的。

吴国改造铜矛

　　由商代的阔叶铜矛演变为战国的窄叶铜矛是中国兵器发展的重要一环，矛头的窄瘦锐利大大提高了矛的杀伤力，使其效力倍增。战国定型的窄叶铜矛在西汉改为同钢铁制造，并发展出槊、枪等变体，成为中国冷兵器时代最主要的单兵格斗武器。

技术发明家公输般

公输般是春秋战国之际鲁国人，又叫鲁班，是著名的应用技术发明家，他的事迹在《墨子》、《礼记》和《战国策》等古典文献中均有记载。

据《墨子·公输》记载，云梯就是公输般发明的。楚惠王欲攻宋，但面对宋坚固的城池却一筹莫展，因为找不到一种有效的攻城器械。楚于是聘请

公输般像

公输般，发明了克敌制胜的器具——云梯。公输般的这一发明，将中国古代战争技术推进到一个新时代。公输般发明了磨粉的硙（即石磨），改变了传统的磨粉方式。对于木工工具的改进和发明，他作出了特别重要的贡献，相传刨、钻等工具都是他发明的。他曾用竹片和木制成了一种能在天上连续飞行3天的飞鹊，并为其母制造了一辆由木制的人驾驭的、结构精巧的木车马。

公输般的杰出成就使他成为中国应用技术的祖师，直至今天，农村木匠在建房时还要纪念他。

中国首创生铁铸造技术

春秋战国时期，中国在世界上首先发明生铁铸造技术。

冶炼生铁必须具备几个最为基本的条件：一是具有足够高的温度，二是始终保持足够强的还原性气氛，三是具有足够大的冶炼空间。中国古代很早发明了竖炉炼铜，积累了一整套高温还原冶炼的经验，中原地区在冶炼出块炼铁后不久，就炼出了生铁。长沙杨家山鼎形器等，是中国，也是世界上最早的生铁铸件。

春秋战国时代的生铁铸造遗址在河北易县燕下都，河北兴隆，河南登封、

战国铁臿

战国铁斧范。据化验为含碳 3.82% 的标准白口铁，说明是采用液体生铁铸造的。

西平、新郑，山东临淄、滕县等都有发现，其中出土了大量铁渣、部分铸范以及炉壁残块。春秋晚期的铸铁实物，已出土的有铁鼎、铁块、铁条、铁削（匕首）、铁臿、铁锛等，出土地点分别为江苏六合程桥，湖南长沙龙洞坡、识字岭、杨家山，常德德山，河南三门峡后川，洛阳中州路，信阳长台关，山西侯马等地。从这些实物中，我们可知当时生铁冶铸技术的基本状况。

　　化铁炉技术。1977 年，河南登封阳城外发现一座战国铸铁遗址，出土了许多炉底残块和炉壁残块。前者是由掺了粗砂的黏泥制成，后者依工作部位的不同，从材料到构筑方式都有三种情况：一是炉底周壁残块，是由耐火泥夹入铁锄残块制成；二是炉腹内壁残块，是用泥条盘筑而成；三是炉壁口部残块，是由草拌泥条上下重叠而成。

战国双镰铁范。经化验证明为标准的白口铁铸件。范腔光滑，范壁厚薄均匀，浇铸时受热均匀。

陶范铸造。登封阳城陶范的器形有镈、锄、镰、斧、刀、削、戈、带钩等，所有范料都由细砂精制而成。1957年，长沙出土的战国铁铲器形完整，器身厚1—2毫米，可见战国陶范铸造技术已达相当高的水平。

铁范铸造。铁范约发明于战国前期，战国中晚期后，人们将它用于农具、手工业工具的铸造上。今河北兴隆出土的战国铁范共有87件，器形有锄、镰、镈、斧、凿、车具等。铁范可反复使用多次，可减少工作量，提高生产率。

生铁铸造技术的掌握及其后不久生铁经退火制造韧性铸铁和以生铁为原料制钢技术的发明，标志着生产力的重大进步。铁器在更大程度上满足了社会生产、社会生活的需要。相比之下，欧洲几乎迟了两千年才掌握了生铁冶铸及铸铁可锻化退火处理的技术。

司南开始使用

汉司南。司南是世界上最早的磁性指南工具，战国时期就已经应用。将天然磁体打磨成勺形，放在一个光滑的青铜方形盘上，微微转动勺把，待静止时，勺把指向南方。司南为我国后来发明指南针奠定了基础。

《管子·地数》篇说："上面有磁石的地方，地下有铜金矿藏。"这是世界上关于磁石的最早纪录之一。到战国末年，人们已知磁铁吸铁的磁性作用。《吕氏春秋·精通》篇说："磁石对铁有吸引力。"并利用其指极性，发明了确定方位和南北的仪器——司南。司南形如汤匙，用磁石做成，底圆而滑，置于刻有方位之铜盘上，使用时，转动勺把，待其静止时，勺把指向南方。司南是世界上最早的指南仪器，后来逐渐发展成为指南针。

独轮车见于使用

早在西汉时期，独轮车就已在我国开始使用。独轮车又叫"鹿车"，现在四川称之为"鸡公车"，江南一带叫"羊角车"。它的特点是中间只有一个车轮，由一个人推动，既可坐人又可载物，在平原、山地或狭窄的路上都可以使用，比人力担挑、畜力驮载运输能量都大几倍，用起来省力又方便。在西汉刘向著的《孝子图》上，可以看到孝子董永所推的就是这种独轮车。四川成都扬子山汉墓的画像石、四川渠县燕家村、蒲家湾汉代石阙上都有独轮车的形象。三国时代，诸葛亮曾制造的"木牛流马"是一种更加先进的独轮车，并用车在"难于

酒肆画像砖（局部）。此画像砖运用浅浮雕手法。刻画一推独轮车人物形象。

骖车过桥画像砖。此画像砖左边大部分浮雕一木构拱桥，桥上二人乘一骖车。汉代称三马驾驭的车为"骖车"，乘车主人一般具有大夫以上身份。此砖画面采用了透视法，增强了深度和立体感。

上青天"的蜀道上运粮。

  独轮车在当时是一种既经济又运用广泛的交通工具，在人类交通史上是一项非常重要的发明。直到现在我国农村特别是山区仍有使用这种车子。日本科学家认为中国发明的独轮车是自行车的始祖。西方科学家说："独轮车虽然简单，却是一种全新的发明。"欧洲直到13世纪才出现了独轮车，这种车在建造中世纪大教堂时发挥了很大的作用，但比我国使用独轮车晚了1000多年。

汉发明井渠施工法

元狩三年（前120），为解决陕西西北洛水下游东岸 10000 多顷咸卤地的灌溉水源问题，汉武帝征 10000 多人挖龙首渠。

龙首渠中间有商颜山，由于土松渠岸易坍塌，当时的施工采用了井渠施工法。具体建造方法是从接近水源的地方起挖一条暗渠，然后每隔一定距离穿一个通往地面的竖井，使井与渠相连。龙首渠长达 10 余里，最深处井为 40 余丈，历时 10 年竣工，是一项极为复杂的工程。

龙首渠开我国隧道竖井施工法的先河。由于龙首渠渠长 10 多里，如果只从两端对挖，施工面积小，洞内通风、照明条件也差；采用井渠施工法，既增加了开挖

井渠

工作面，加速了施工进度，又改善了洞口通风与采光条件。另外，龙首渠的开凿是在中间隔山，两端不通视的情况下同时施工的，在这种情况下进行渠道定线与多工作面同时施工，同时又要保持渠线吻合，工程难度较大，因此，

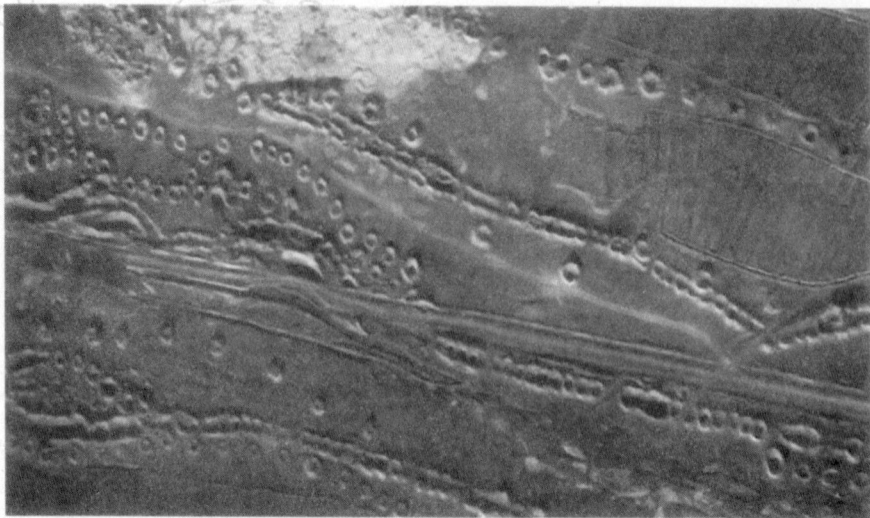

坎儿井。坎儿井始掘于西汉，是古代西域地区特殊的灌溉取水工程。图为从空中俯视的坎儿井。

它的开挖成功，也可见当时测量技术有相当高的水平。

井渠施工法汉朝时在西域得到推广，随着丝绸之路的出现，这项技术又传到中亚。

束综提花机发明应用

《西京杂记》卷1己载，汉宣帝地节元年（前69年）时，河北巨鹿人（今河北平乡西南）陈宝光的妻子曾用120综、120蹑（用竹或金属制成的用以夹挟综束以便提举的装置）的提花机织出精美的蒲桃锦和散花绫，一匹费时60日，值万钱。1971年长沙马王堆汉墓出土的西汉初年的绒圈锦，其总经线数为8800至11200根，组织结构相当复杂，可分析出当时织造工艺上已经使用分组的提花束综装置。

从东汉王逸《机妇赋》的描述等资料来看，束综提花机由经轴、布轴、豁丝木、花楼、衢线、衢脚、提综马头和打纬机件构成；由汉绒圈锦的分析可知，束综提花机上已经使用了双经轴装置。

商绮周锦其花纹多是对称的几何型花纹，循环较小，可用多综多蹑织机生产出来；但多综多蹑机上的综片数毕竟有限，战国秦汉之际发明的束综提花机则为生产那些花纹循环较大，花纹图案较为复杂的织品提供了方便。由片综提花发展为束综提花，是一次大的飞跃，它提高了花机工作能力，为花纹大型化、艺术化开辟了广阔道路。

杜诗发明水排兴利南阳

东汉光武帝刘秀在位期间，注意"选用良吏"。建武七年（31年），杜诗出任南阳太守。他提倡节俭，兴利除害，为政清平。

当时，驻守南阳的将军萧广放纵士兵，士兵在民间横行霸道，当地百姓深受其害。杜诗多次警告而无效，于是，他采取果断措施，杀掉萧广。这件事深得刘秀的赏识。

杜诗在做南阳太守期间，注意节省民力。为了提高冶金技术，他发明了水排（一种水力鼓风机）。水排应用水力击动机械轮轴打动鼓风囊，使皮囊不

水排模型

断伸缩，给冶金高炉加氧。这种装置，用力少，见功多，是我国冶金史上的一大改革。三国时期的韩暨曾对其加以改进推广，效率三倍于前。

杜诗发明水排，一改中国冶炼鼓风装置靠人力和畜力为动力的历史，不仅大大提高了劳动效率，而且比欧洲早了 1100 年，在中国古代冶炼工艺发展史上具有里程碑的意义。

杜诗同时也重视农业生产，修治陂池，广拓土田，使郡内民户殷实富足。当时人们就将杜诗与西汉南阳太守召信君相提并论，民间盛传："前有召父，后有杜母。"

张衡建立宇宙论学说

　　张衡的宇宙论是"浑天说"理论。浑天说是在人们使用仪器测量天体位置的基础上产生出来的一种宇宙结构学说，这是从战国时期才逐渐酝酿出来的。在使用某种赤道式简单仪器观测时，就能发现各种天体都有围绕北极的东升西落的视运动，运动速度均匀。由于对圆早有认识，不久这种运动轨迹就同圆联系出来而产生了天赤道、黄道等概念，从而为浑天说的产生创造了条件。从一定程度上说，浑天说是伴随着浑仪的运转而出现的。

　　张衡的《浑仪注》明确地表达了浑天之说，该文阐述说："浑天如鸡子。天体如鸡子。天体圆如弹丸，地如鸡子中黄，孤居于内，天大而地小。天表里有水，天之包地，犹壳之裹黄，天地各乘气而立，载水而浮。"我们可以把这段话看成是原始的"天球说"：浑圆的天球壳包围着观测地，一圆周为 365又 1/4 度，地是平的，故将天球截成两半，在地平以上的可见的半球为 182 又 5/8 度，地平以下看不见的半球也是圆周的一半为 182 又 5/8 度。天球上有南北极，北极是北半天球上天体运转的中心，它高出地平 36 度。以北极为中心角直径为 72 度的范围内是常见不隐的星，它们永远不会落到地平以下。天球南北两极之间的角距离也是 182 又 5/8 度，天球绕南北极的转动好似车轮绕车轴的旋转一样，它不停地运转，其形浑圆。显然，这段话是对天球赤道坐标体系的准确描述，也是制造浑天仪的理论依据，清楚地解释了天体的周日视运动。这种原始的天球说对中国古代天文仪器的发展和测量天文学的发展起了重要作用。浑天说作为天球说虽然很成功，但作为一种宇宙构造说则缺陷很大。第一，一个硬壳式的里表充满水的天是不存在的，天地都载水而浮也纯是想象；第二，"地如鸡子中黄"的说法只表示天在外地在内，但根据他给出的数据并不能证明地是球体；第三，《灵宪》中说"日譬犹火"，而浑天说中日落地平以下又得通过水，水火怎能相容。可见，浑天说这种有限宇宙模型有着自身的矛盾性。

张衡宇宙论的另一重要组成部分是他在其名著《灵宪》中阐发的宇宙的生成和演化理论。他认为，宇宙的最初阶段可以称为"太素之前"，其中只是一片空虚，其外什么也没有，故"不可为象"，但"道"和"根"却在里面；第二阶段叫"太素始萌"，道根的存在使能"自无生有"，出现了"浑沌不分"的状态；第三阶段为"元气剖判"，此时"刚柔始分，清浊异位。天成于外，地定于内"。

由于张衡亲自做过大量的天文观测，有着丰富的观测经验和天象知识，因此，他的著作的许多内容都是他观测经验的总结，非常可靠，具有相当程度的科学性，比如他月相变化和月食形成的解释都相当科学。

张衡发明候风地动仪测地震方位

顺帝阳嘉元年（132年），东汉著名科学家张衡发明制造了候风地动仪。这是世界上第一架可测地震方位的仪器，它是利用倒立惯性震摆的原理制成的，其基本构造符合物理学原理，能探测到地震波的首先主冲方向，是现代地震仪的先驱，也是当时世界上遥遥领先的发明。在国外，过了1000多年，直到公元13世纪，在波斯马拉哈天文台才有类似仪器出现。到18世纪，欧洲才出现利用水银溢流来记录地震的仪器。

据《后汉书·张衡传》所记载，该仪器系青铜铸造，整体造型宛若汉代的酒樽。仪体圆形鼓腹，直径八尺（汉建初尺，1尺＝0.2368米），下附圈足，上面有可以启闭的圆盖，通高约一丈一尺五寸。在仪器体外按八方附设八条垂龙，龙口各衔一铜丸，地上并设八只向上张口铜蟾蜍，与龙头一一对应。龙头下部仪器表面雕刻四灵图案，八龙方位下书刻卦文。圈足的上部刻有山阜之形。

地动仪内部结构精巧。仪器内底部中央，立有一根"都柱"，即倒立惯性震摆（相当于现代地震仪的重锤），围绕都柱设有八组与仪体相连接的杠杆机械即"八道"，"八道"与仪器外面设置的八条垂龙龙头上颌接合，代表着东、西、南、北、东南、东北、西北、西南八个方位。遇有地震，震波传来，"都柱"偏侧触动龙头的杠杆，使该方位的龙嘴张开，铜球落入蟾蜍口中，发出声响，用以报警，即谓"一龙发机，而匕首不动。寻其方向，乃知震之所在"。

张衡设计的地动仪，是唯物主义自然学说的体现。仪体似酒樽（卵形），直径和浑象一样大，象征浑天说的天；立有都柱的平底，表示大地，笼罩在

科学家张衡阳嘉元年（132年）发明的候风地动仪

天内；仪体表面雕刻的四灵图案象征二十八宿，所刻卦文为乾、坎、艮、震、巽、离、坤、兑，表示八方之气；八龙在上象征阳，蟾蜍居下象征阴，构成阴阳上下的动静的辩证关系；都柱象征天柱，居于顶天立地的地位。

候风地动仪的灵敏度很高，最低可测地震烈度为 3 度左右（据 12 度地震烈度表）的地震。据记载，候风地动仪制成以后安置在洛阳。永和三年（138年），距洛阳约 700 公里的陇西发生了一次 6 级以上的地震，当时洛阳没有震感，而候风地动仪做出了反应。此次陇西地震的实测成功，开创了人类使用科学仪器观测地震的历史。

约在 4 世纪初，候风地动仪在动乱中失落。近百年来，由于地震学的发展，张衡的这项发明引起了地震学界的重视和研究，日本和英国的科学家都曾先后进行过研究。中国的王振铎经过对历史资料的整理和研究，并总结了一些地震学家的研究成果，于 1959 年将张衡的候风地动仪重新复原，陈列在中国历史博物馆内。

长安使用洒水车

我国古代大多建都北方，北方城市受风沙侵袭严重，在这种背景下便产生了洒水车。据《后汉书·张让传》载，公元186年，汉灵帝命令当时的掖庭令毕岚，设计制造了一种叫做"翻车渴乌"的洒水车。据李贤注，"翻车：设计车以引水"，"渴乌：为曲筒以气引水上也"。可见这种洒水车由两个部分组成，一个部分是贮盛河水的戽水车（翻车）；一个部分是汲取河水的抽水机（渴乌），两部分合起

东汉"长安市长"印。秦、汉时期，专设市长管理大城邑商业区。

来成为"洒水车"。这项发明制成后，在长安街南北大道洒扫清洁路面，减轻了人民洒扫的劳累，对于净化环境、改善长安卫生状况有相当的意义。我国早在公元2世纪就已创制使用的这项先进的装置"翻车渴乌"，是世界上最早的洒水车。

马钧作指南车

魏青龙三年（235年）八月，马钧受魏明帝曹睿之诏制作指南车。他利用差动齿轮机械构造原理，在双轮单辕车上立一木人，车刚刚起动时，使木人手指南方，由于齿轮作用，不论车行的方向怎样改变，木人始终手指南方。

魏指南车模型

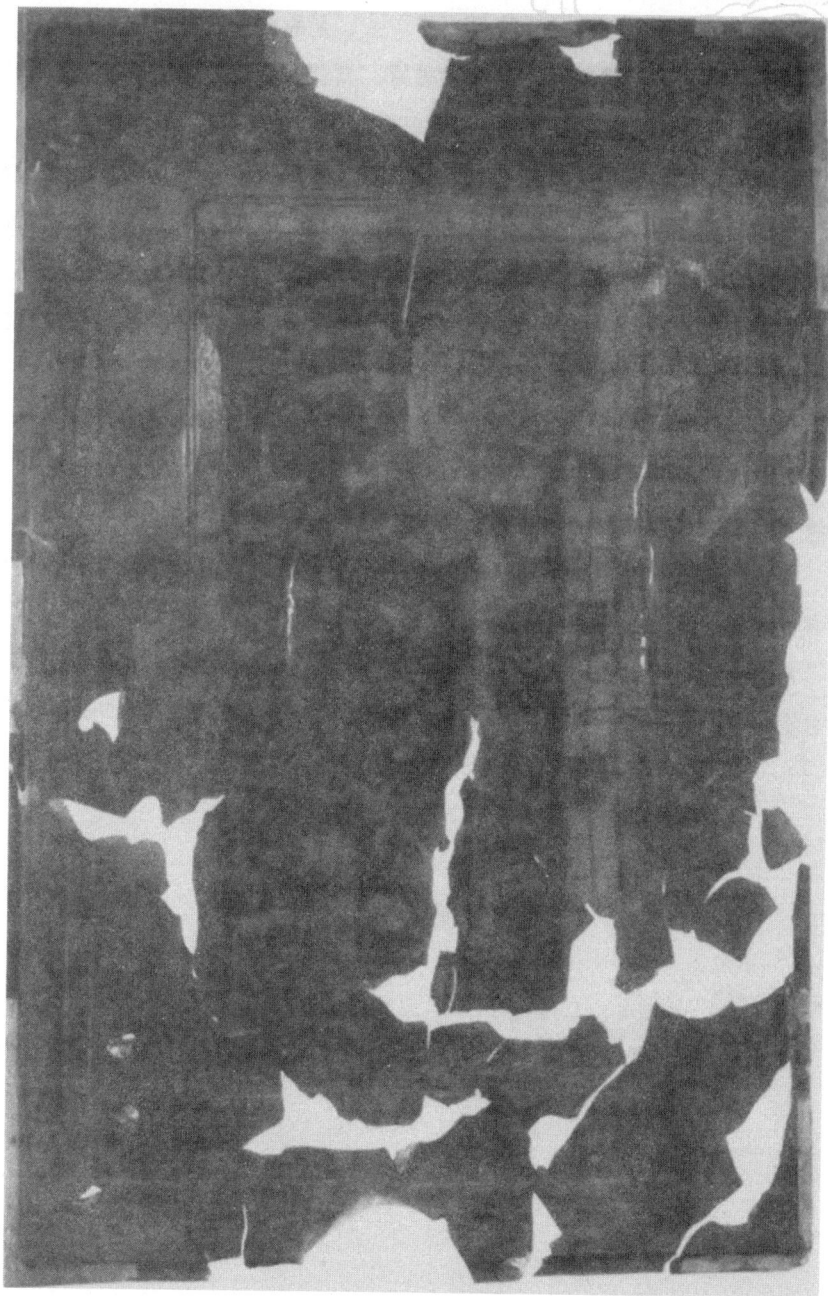

西蜀彩绘宫闱宴乐图漆案

马钧，字德衡，扶风（今陕西兴平）人，是我国古代科技史上最负盛名的机械发明家之一。马钧年幼时家境贫寒，自己又有口吃的毛病，所以不善言谈却精于巧思，后来在魏国担任给事中的官职。

指南车作成后，他又奉诏改制木偶百戏。他用大木雕构为轮，放在平地上，下面通过流水驱动木轮旋转，上设女乐、杂技、百官行署等，木轮转动后，木偶便活动自如，按照设计表演出各种动作，时人称为"水转百戏"。

接着马钧又改进了织绫机。原来的织绫机为50综50蹑或60综60蹑，经他重新设计，把两种机械都改为12综12蹑，提高工效四五倍。

马钧还研制了用于农业灌溉的工具龙骨水车（翻车），轻便灵巧，儿童也能操作，可连续提水灌溉，功效较过去提高百倍。这种水车在我国沿用了1000多年，是水泵发明之前世界上最先进的提水机械。

此后马钧还改制了诸葛亮所造的连弩，使之增加五倍效率，又研制出转轮式连续抛石机，作为攻城器具。

马钧奇思绝世，被时人称为"天下之名巧"。他的一系列发明创造，为当时社会生产力的发展和技术进步作出了贡献。

水磨大量使用

　　在中国古代，人们利用水能（动能或势能）为动力制造提水机具或加工机具的历史比较久远。如先秦对翻车（即今龙骨水车的前身）已有文字记载。到魏晋时，水力机具的创制和使用就更为普遍，提水机具有水转翻车、水转

杜预制水磨模型

筒车等，加工机具有水碓、水排、水磨、水转纺车等。其中，杜预对于水磨的改进影响较大。

在杜预之前，如西汉时期，作为粮食加工机械的水磨已经得到运用，但都是一轮一磨，水能利用率不高，功效也不大。杜预于是对其进行了改进。他将原动轮改成一具大型卧式水轮，在水轮的长轴上安装三个齿轮，各联动3台石磨，共9台水磨，称水转连磨。水转连磨的制成，大大提高了水能的利用。根据同样的原理，杜预还创制了"连机碓"，即用一个水轮带动几个或十几个碓，成倍提高了这种摧击式加工机械的效率。

水转连磨（包括连机碓）创制后，便迅速得到了推广使用，和此前已有的单磨一起，给当时人们的生活带来很大的便利。关于这种情况，魏晋史书多有记载。如石崇有"水碓三十余区"，王戎"广收八方园田水碓"。王隐《晋书》记载刘颂为河内太守时，"有公主水碓三十余区，所在遏塞"，刘颂因而上表请封闭不用。

《全晋文》卷65嵇含《八磨赋序》说："外兄刘景宣作为磨，奇巧特异，第一牛之任，转八磨之重。"杜预的水转连磨还对北魏产生了影响。如北魏雍州刺史崔亮"续《杜预传》，见为八磨，嘉其有济时用，遂教民为碾"（《魏书》卷66《崔亮传》）。再如北魏洛阳的景明寺，"碾硙春簸，皆用水功"（《洛阳伽蓝记》卷3）。可见当时水力转动的碾磨，在北魏也逐渐普及开来。

水磨、水碓的大量使用，既反映了古代人民对水力的科学利用，也反映了中国古代粮食加工业的发展。

葛洪著成《抱朴子·内篇》·发展道教理论

东晋大兴元年（318年）时，葛洪撰成《抱朴子·内篇》，这是道教宗教哲学和原始化学炼丹术的重要著作。它在道教史和炼丹史上都有重大影响。

葛洪（284年—364年），字稚川，自号抱朴子，丹阳句容（今江苏省句容县）人，是东晋著名的道教理论家、炼丹家和医药学家。他学识丰富，著

《抱朴子内篇》关于硫化汞和汞的化学性质的叙述

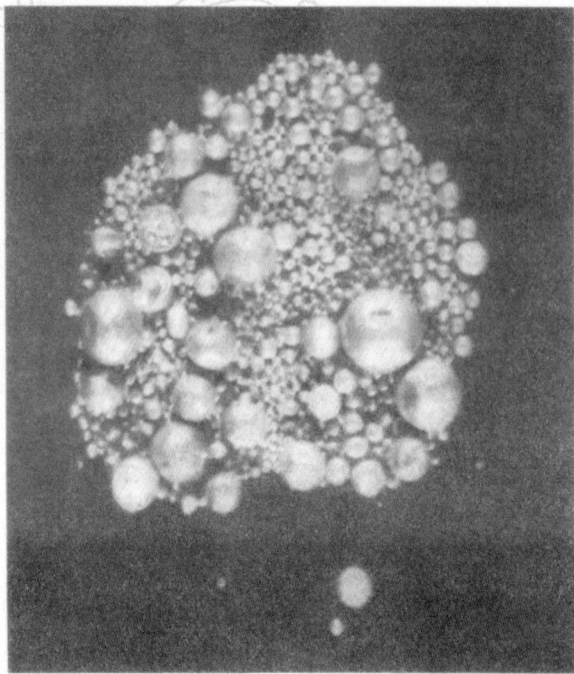

按中国炼丹术著作中的方法重新炼制的"金"

作很多，但大多散佚。其中影响最大的当推《抱朴子》，含内篇20卷，外篇50卷。而《抱朴子·内篇》则是反映他的道教神学理论的主要代表作。

葛洪在书中提出了以"玄"、"道"、"一"为宇宙本体的理论，为长生不死的神仙道教制造理论根据。他认为"玄"是超自然的存在，是宇宙万物的总根源。它不可感知，不可捉摸，神通广大，且无所不在、无所不能。它是孕育元气、铸造天地星宿乃至万物生成的根据和原动力。因此葛洪强调宇宙万物一刻也不能离开"玄"。而且必须"得之于内"，通过内心的冥思苦想去探索。

葛洪又将"玄"称作"道"、"一"，并进一步把"一"神化，提出"守一存真，乃得通神"的宗教神学思想。他把"守一存真"看作是通向神仙之境的根本途径，并且因此可使天、地与人，人与道，主观与客观统一起来，在精神上突破有限个体的束缚，与无限的宇宙合一。而为了达到这一目标，则必须通过宗教禁欲主义的修养。

与其他宗教幻想灵魂入天堂不同，葛洪的道教理论还强调炼形的重要性，为的是使"神"（或"精灵"）不离开其身，从而达到长生不死，肉身成仙。他还提出"有因无而生焉，形须神而立焉"的形神观，把"形"说成要依赖"神"才能确立而不朽，强调精神是第一性的，形体是第二性的。

中国古代炼丹家葛洪（号抱朴子）

葛洪还特别强调遵守封建伦理纲常对道教的修炼的重要性，认为"欲求仙者，要当以忠孝和顺仁信为本。若道德不修而但务方术，皆不得长生也"。

与一切有神论者和宗教徒在论证"神"的存在时一样，葛洪也把自己虚构的神仙之美等一切不实之物，都归之于人们有限认识之外的无限世界。他用聋子听不到雷声、瞎子看不见日月星辰之光作比喻，来证明人们虽然看不见神仙和听不到神仙的声音，而神仙世界是存在的。但实际上神仙只是道教

杭州葛岭的抱朴道院——为了纪念葛洪而在他的炼丹遗址上修建的道教院宇

徒头脑中虚构的神秘物，客观实际证实这些是不存在的。

东晋时道教从民间宗教向为门阀世族服务的官方宗教转型，葛洪的《抱朴子·内篇》对此起了很大的促进作用，是这一转折阶段的一块里程碑。早期的道教常以符篆、巫祝等宗教仪式为人治病，并以此吸引信徒。后来便有人认为用这种方法可求取长生，葛洪对此作了否定。他赞富贵神仙，斥民间道教，甚至认为王者应以严刑峻法来制止这类巫术活动。他在强调内修的同时，提出了外养兼顾、"藉外物以自坚固"的见解。他从黄金耐腐蚀、高溶点的化学稳定性出发，推论金丹具有使人不朽的滋补作用。并为信徒们列出以下修道方法：①积善立功，②草木药饵，③屈伸导引，④宝精行气，⑤金丹大药。

《抱朴子·内篇》还总结了魏晋时期炼丹术的成果，收录了大量丹方、经方，其中最重要的是"金液"丹，且是很难破译释读的丹方之一。其主要的原理是使金的溶解度有所增加，然后再被有机物还原为胶态金，这与国外炼

杭州葛岭的葛洪炼丹井，传说葛洪炼丹的水源。

金术的"金液"类似。

"金丹"卷中所涉及的药物有铜青、丹砂、水银、雄黄、矾石、戎盐、牡蛎、赤石脂、滑石、胡粉、赤盐、曾青、慈石、雌黄、石流黄、太乙余粮、黄金、铜、珊瑚、云母、铅丹、丹阳铜、淳苦酒等20多种，明显比《周易参同契》里所提到的要多。

"仙药"卷中提到用硝石、玄胴肠（猪大肠）和松脂炼雄黄，并且在实验中观察到若超过一定温度，便起火爆炸，这是原始火药的萌芽。故"仙药"卷的记载也是前火药史的史料。

葛洪还实验过铁与铜盐的置换反应，如"黄白"卷有"以曾青涂铁，铁赤色如铜"（曾青是硫酸铜矿石）。

葛洪在炼丹实验中已经探索到近似反应可逆性的物质循环的思想。如

"金丹"卷中有"丹砂烧之成水银，积变又还成丹砂"（丹砂即硫化汞）。又"黄白"卷中有"铅性白也，而赤之以为丹；丹性赤也，而白之而为铅"。说的是铅经过化学变化成铅白，即胡粉，也即白色的碱式碳酸铅；铅白加热，变化成铅丹，即红色的四氧化三铅；四氧化三铅又可经化学变化成铅白。

葛洪是汉魏以来道教理论的集大成者，他的《抱朴子·内篇》为神仙道教构造了一个比较完整的理论框架。它是向社会不同附层公开布道的神仙道教典籍，并为道教在南北朝成熟准备了条件。

重甲骑兵出现

　　魏晋南北朝时期，群雄争立，战事频繁。北方游牧民族对中原文化的冲击，和对峙的南北政权之间的战争的需要，以及兵器制作技术的进步，促成了军队兵种构成的变化和武器装备的发展。重甲骑兵的出现并迅速成为陆军主战兵种就是这种变化和发展的主要体现。

　　具体说来，重甲骑兵是中原部曲和北方游牧军队相结合的产物。部曲是

南北朝时期出行骑马俑

豪强世族拥有的私人武装，首先出现于东汉晚期，到魏晋南北朝时期，已常常构成军队的核心力量。豪强世族们凭借自己雄厚的财力以及中原相对发达的冶炼技术，制作并储存了大量的铠甲与兵器，以装备自己的部曲。如晋桓尹家就存有马的装具百余副、步兵铠甲500副。然而考古发现表明，当时的私人部曲骑兵数量并不多，更谈不上是重甲骑兵了。重甲骑兵的出现，与西晋末年到十六国时期，游牧民族进入中原地区密切相关。游牧民族拥有优良的马匹和技艺娴熟的骑士，实行民族军事制度。他们进入中原后，利用汉族世族已存的优良装备，配以自己的骑兵武装，于是组成了一个令人生畏的新兵种——重甲骑兵，从而使我国古代骑兵发展到了一个新阶段。

重甲骑兵，就是人、马都披甲的骑兵，又称甲骑或铁骑。其特征是骑手披甲戴胄，战马挂护铠甲。其装备可分作四类，即马具、马铠、骑士铠甲和格斗兵器。马具是骑兵在战马上保持平衡、稳定的坐具。东汉时期已出现了制作精致的马鞍，魏晋南北朝时期则创制了马镫，到十六国时期，马镫已普遍运用。马镫与马鞍的配套使用，使骑兵与战马能很好地结合在一起，战斗中更加行动自如。马铠是专为战马披裹的铠甲，又称作"具装"铠。骑兵的格斗兵器，在三国时期仍与汉代一样多用戟。到南北朝时，尽管戟有所改进，但仍逐渐为长体双刃的马矟所替。而另一种骑兵主要格斗兵器则是长刀，当时的刀据载达七尺长，多为柄首带扁圆大环的直体刀。

由于重甲骑兵装备齐全且坚固锐利，因而具有较强的防护能力和集团冲击力，在对防护较差的轻装骑兵和步兵作战时，往往形成排山倒海、势不可当般的冲击效果。当时，两军对垒常常均以重甲骑兵作为主要进攻集团。其使用方法，多置成方阵，实施正面集团冲击或防护。为使队形保持集中，常常以铁链等物将战马连为一体，这时远射兵器往往无法对之造成大的杀伤效果，战斗常以近距离格斗的方式进行。

重甲骑兵虽然颇具威力，但也有不可克服的弱点。一是由于人、马负荷过重，骑兵特有的快速机动、灵活使用的特点难以得到发挥；二是臃肿、笨拙的阵形，对地形条件要求很高，也限制了它的作战效力的发挥。因而随着时代的发展，重甲骑兵逐步消亡，至唐代已为轻装骑兵所代替。

裤褶流行

魏晋南北朝时期的服饰与当时的政治与社会风尚有密切的关系。在当时玄学清谈之风的影响下，形成了文人的魏晋风度，这种风度在服饰上的反映就是文人多穿大袖宽衫，服装式样较为简朴；受这种风气的影响，魏晋时期的贵族妇女也崇尚褒衣博带，广袖翩翩。但是，北朝由于受胡服的影响，一般妇女喜穿窄袖紧身的衫襦，服装式样是"上俭下丰"。两种风气互相影响和交融，形成了裤褶流行之风。

裤褶是胡服的一种，汉代就开始传入中原。到东汉末年，裤子已由紧窄的长裤变成两只裤管做得十分肥大的"大口裤"，在上流社会流行。到南北朝时，和大口裤配套穿在一起的上衣，俗称"褶"，两者一起就叫"裤褶"。

裤褶最初为军旅之服，不论官兵，都可穿着。《晋书·舆服志》中载："袴

南朝仪仗画像砖上画有裤褶

麦积山石窟一二七窟西壁北魏时期《西方净土变》壁画。绘制在该窟西壁上部的巨幅《西方净土变》，是我国现存最早、最大、也是最完备的一幅"净土变"。

褶之制，未详所起，近世凡车驾亲戎，中外戒严服之。"魏晋南北朝之后，裤褶服开始广泛流传于南、北方汉族官宦庶民中，连妇女也喜穿此服。如《太平御览》卷695引《西河记》："西河无蚕桑，妇女以外国异色锦为袴褶。"

在一般裤褶的基础上，官员们的朝服将裤口放大，将褶的袖口加宽，朝当时流行的广袖宽衫靠拢。北朝为了方便，还将右衽改为左衽。由于裤管过于宽松博大，给骑马行走带来不便，因此人们又以锦缎丝带截为三尺一段，在裤管的膝盖处紧紧系缚，以免松散，叫做"缚袴"。凡穿裤褶的人，一般都喜欢在腰间束皮带，有钱的便镂金银镶珠玉为装饰。

穿裤褶服时，一般要穿裲裆。裲裆也被叫做"两当"，类似于今的马甲、坎肩、背心的一种服式。这种服式由前后两片组成，肩上两旁用带连接，长至臀以下，腰用大带或革带扎紧，《释名·释衣服》载："裲裆，其一当胸，其一当背也。"裲裆一般有单、夹、绵之别。不同阶层的人所穿裲裆的质地材料不同，士大夫多用罗绢及织绵等，庶民用布葛制作。而武士的袖珍裲裆多用皮革或铁片做成，称"裲裆铠"或"两当甲"。北朝时期的士庶男子还流行在裤褶外加套衣风帽。上穿短衣，下着宽裤，头戴风帽，外加套衣，套衣就是披风，整体效果颇为潇洒大方，对防寒、抵挡风沙也有一定作用。

　　总体说来，裤褶的特点是宽松、方便又有一定的束缚，不至于显得松垮和拖沓，穿上使人体显得修长、飘逸、颇有着"杂裾垂髾"之风，而且男女通用，故得以广泛流行，也在一定程度上反映了当时的审美趋向。

綦母怀文改进金属热处理工艺

綦母怀文，北齐时人，灌钢法的实践者，生卒年不详，曾任信州（今重庆万县和湖北巴东之间）刺史，他对中国历史的贡献主要是改进了金属热处理工艺。

中国古代热处理工艺很早便开始出现，前14世纪—前11世纪的殷代时期，在金箔锤制过程中已采用了退火处理。淬火工艺首先用于熟铁渗碳淬硬，《史记·天官书》（成书于前91年）有"水与火合为淬"之说。《太平御览·蒲元传》载三国时蜀人蒲元对他的"神刀"淬火用水的选

綦母怀文造"宿铁刀"示意图

择，说明当时确已认识到水质对淬火效果的影响。《北齐书·列传第四十一》载东魏、北齐间（534年—577年）的綦母怀文在制作宿铁刀时，"浴以五牲之溺，淬以五牲之脂"，因为牲畜尿中含有盐类，具有比水高的冷却速度，所以能使淬火后的钢获得较高的硬度。牲畜油脂冷却速度较低，能避免钢淬火时脆裂，提高钢的韧性，减少它的变形。由以上可以看出当时已采用含盐的水和油作为具有不同冷却速度的淬冷介质，綦母怀文知道使用不同类型的淬火剂，表明他已清楚地认识到淬火剂同淬火后钢的性能之间的关系，他成功地使用了油淬和尿淬的金属热处理工艺。

另据《北史》记载，怀文"造宿铁刀，其法烧生铁精以重柔铤，数宿则成刚"，这就是说用液态生铁对熟铁渗碳，这是关于灌钢技术的最早记载之一。所谓"灌钢"就是中国古代把生铁和熟铁按一定比例配合冶锻而成的钢。又称团钢，南朝炼丹家陶弘景（452年—536年）记叙说："钢铁是杂炼生鍒作刀镰者"，这里"生"指生铁，"鍒"指熟铁。当时灌钢已被用来制作刀镰之类，说明它已经历了一个发展时期，产量颇为可观。綦母怀文作为灌钢技术的实践者一直以来受到人们的赞誉。

宋更铸浑天仪

南朝宋文帝元嘉十三年（436 年），宋更铸浑天仪。

浑天仪是一种天文仪器。早在汉武帝时，就有落下闳创制"浑天"。汉宣帝时，董寿昌更铸铜为象，以测天文。至东汉张衡，妙尽璇玑之正，作浑天仪，推算星辰出没移动，都很准确。浑天仪由此得到了推广运用。

东晋末年，太尉刘裕征伐后秦时，缴获一尊古铜浑天仪，运回建康（今江苏南京）。但当时浑天仪已经破损，而刘裕建宋初期也未来得及修制。宋文帝元嘉十三年（436 年），宋文帝刘义隆令太史令钱乐之重新铸造浑天仪。钱乐之以原制为范本，仍然效仿张衡所制以水为动力运转。浑天仪径长 6 尺 8 分，上铸各种星宿天象，转动时浑天仪所表现的昏明中星与天象运转很易吻合。

宋更铸浑天仪，是对当时这一先进的天文仪器的继承和改进，同时也说明了南北朝时期人们对天文学知识的积累进一步丰富。

何稠新创制玻璃法

　　西汉丝绸之路开通以后，大月氏国的商人把玻璃器皿和烧造玻璃的方法带到了中原地区。但到隋朝，大月氏商人传授的烧造玻璃之法已经失传。于是，重新研制玻璃制造的重任落在了擅长机巧制作的摧监何稠身上。何稠以极大的勇气凭着多年的经验和锲而不舍的刻苦探索，先后深入研究了烧制陶器、琉璃等工艺，均未成功，后从绿瓷的特殊烧制工艺中受到启示，又将琉璃作以改进，发明了吹制法。至此，新的玻璃烧制法诞生了。后人称这种方法为"何稠新创制玻璃法"。

隋玻璃带盖小罐

何稠初创烧制玻璃，玻璃质地还相当不纯。陕西西安隋李静训墓出土了浅绿色玻璃瓶、罐、杯、珠、卵形器等，其中以吹制法制成的罐及卵形器等玻璃器，其浅绿色半透明的玻璃质感，类似于当时的

隋玻璃戒指

北方青釉，其特征与何稠借烧绿瓷之法制作玻璃相类似，这批成分各异的玻璃器，当是我国自制玻璃。

隋玻璃杯

隋玻璃瓶

用何稠新法吹制的玻璃在唐代已有大进步，品质已有较大提高。陕西三原、甘肃泾川、黑龙江宁安、辽宁朝阳等地都曾零星出土了一些唐代玻璃器，但数量甚少，且含铅量极高，最高竟达 68.51%，属于高铅玻璃。三原出土的玻璃瓶，含铅 46.65%，含钠 10%，属于钠铅玻璃。1985 年 5 月陕西临潼唐代塔基出土的玻璃果、玻璃瓶等，其形制皆为中国传统式样，采用吹制法制成。尤其玻璃呈浅绿、浅黄色，半透明，器壁极薄，制作技艺高超。

何稠吹制玻璃法对后世玻璃器的制造产生了极大影响，也奠定了现代玻璃吹制法的基础。

拓本方法开创

初唐，人们为了将碑石上的文字、绘画复制下来，开创了拓本方法。

拓本又名拓片，方法是将纸濡湿，覆盖在石刻版面上，先用刷子将纸打入石刻的阴线凹陷处，然后用特制的扑子蘸墨扑打纸面，使墨色慢慢在纸面上拓开，直到满为止。

这种拓本方法有别于长期以来的木刻印本，木刻版是为印刷而制的，它的特点是字画都是反刻的，并且多用阳线，在版上涂墨后用纸即可印出正面

拓碑工具。拓碑是印刷术产生之前的一种复制碑文的手段。石鼓文拓本据说唐代已有，但未见流传，现只有宋拓本传世。这些最原始的拓碑工具现在仍在使用。

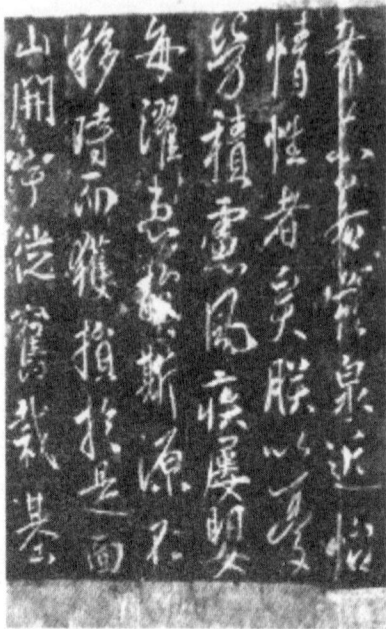

唐太宗李世民《温泉铭》

成品。而碑石刻制是为了歌功颂德、表忠旌孝，并非为日后印刷而绘刻，所以字画是正形，只有用捶拓的方法才能得到正形成品。

唐代有一些关于捶拓石刻的记载。大诗人韦应物的诗《石鼓歌》记载了拓本的方法，墨字题跋"永徽四年八月，围谷府果毅儿"的唐拓本《温泉铭》和敦煌发现的唐代碑刻拓本等实物都证明拓本方法最迟产生于初唐时期，但唐代还未出现"拓本"二字。

最先提出"拓本"一说的是宋代黄伯思，他在《东观余证》中《石经》一文称捶拓之法为"拓本"。古人搜集拓本，往往是为收集优秀书法作品，或是对碑文考异辨讹，宋氏以来，又出现对画像砖、画像石的捶拓，产生了我国艺苑中特有的一种艺术式样——石线刻画，扩大了中国美术的范畴。

赵柳氏创夹缬法

开元十二年（724年），赵柳氏创造出夹缬法（即镂染）。赵柳氏是玄宗宫人柳婕妤之妹，嫁与赵氏，在家从事纺织，积累了丰富的印花经验，创造了夹缬法。缬，即印染花纹。所谓夹缬法，就是用两块木版雕刻同样花纹，以绢、布对擢夹入此二版，然后在无花纹的雕空处

唐纹锦履

染色，使花纹呈现对称而齐整的美感。这样印成的织品也称为夹缬。夹缬法也称"镂染法"，赵柳氏用此法制成文锦一匹，献给王皇后，被玄宗看见，大为赞赏，便下诏广为推行其法。这种夹缬，在敦煌的唐代墓葬中曾发现数片。夹缬法体现了唐代工艺美术的进步，开创了染缬技术的新纪元。

一行等作水运浑天仪

唐开元十三年（725 年）十月，僧一行和梁令瓒及诸术士合作，制成了水运浑天仪。

浑天仪以铜铸造为球形，球形浑象内列满星宿，注水冲轮，使球形浑象旋转，自转一周为 1 日 1 夜。球形浑象外又安置 2 个圆环，环上缀日月。日标每昼夜回转一周，又沿黄道（太阳在天球中的视运动轨道）东行一度，365

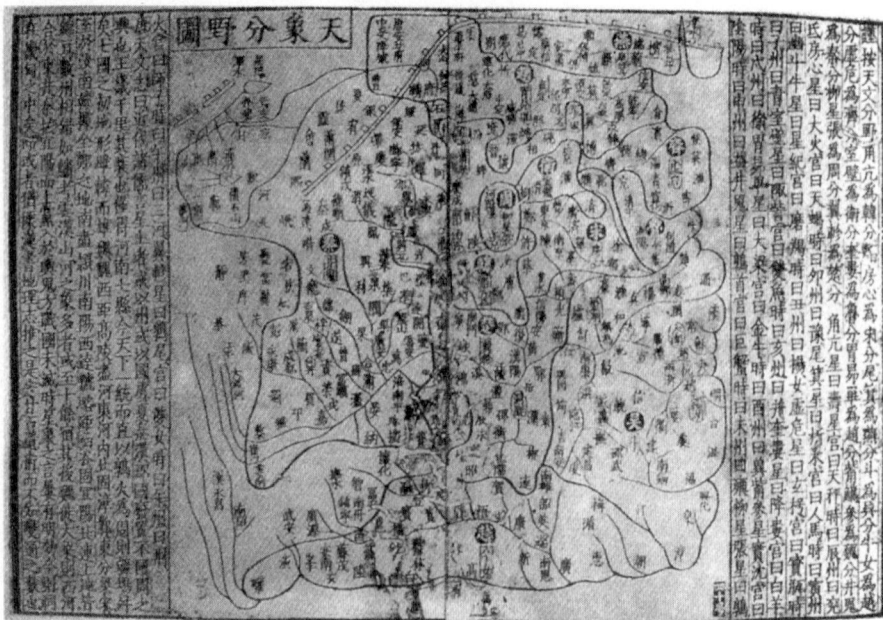

分野图。分野图即天象分野图。分野之说是我国古代星占术中的一种概念，它认为地上有各州、郡，天上也有对应区域。这幅分野图保留了隋唐以来分野图的精华，是研究古代分野说的珍贵资料。

日沿黄道移动一周；月标每昼夜回转一周，27日半沿白道（月球在天球中的视运动轨道）移动一周，为1月。水运浑天仪放置在木柜上，木柜顶端和地面持平，使浑天仪一半在地上一半在地下。另外，有两木人立于平地上，前置钟鼓，以候辰刻。其一每刻击鼓，另一则每辰（今两小时）撞钟。所有机关都藏在柜子里面，时人都惊叹其巧妙。

浑天仪全称为"水运浑天俯视图"，制成后放在武成殿前。运行后仪器被水击湿而不能自转，于是被收藏在集贤院中，不再使用。

水运浑天仪既能表示天体运动，又能指示时间，是后世天文钟的前身。

筒车发明

筒车于唐代发明和使用。杜甫诗中已提及筒车的一种。《太平广记》卷250记载了唐初人邓玄挺入寺行香，看到庙里僧人浇菜园的水车是"以木桶相连，汲于井中"。

这里的筒车结构是将一串木斗挂在立齿轮上，在轮轴两端伸延部分处装上供脚踏或手摇的装置。水轮由木制，轮上缚以小竹（木）筒作兜水工具，下端设置在流水之中，利用水流冲击轮子转动，提水上升，就达到"钩深致远"，"积少之多"，冲破涯岸的阻隔，使水为农桑服务的目的。

刘禹锡《机汲记》中所说的"机汲"更为进步，它是利用架空索道的辘轳汲水机械，为辘轳汲水法的重大发展。它又利用架空索道和滑轮的帮助，把上下垂直运动改变为大跨度的斜向运动，有利于江河两岸农田的灌溉。

建筑装饰日益丰富

中国古代建筑装饰艺术以彩画和雕刻为主，华丽的建筑彩画起源于对木构件防腐的要求。隋唐时期，建筑上使用油漆彩画的部位不断扩大，内檐多用于尺花、藻井，外檐多用于斗拱、木栏杆等处，柱、梁枋皆以刷色为主，随着矿物颜料品种的不断增多，建筑彩画的色彩和图案变得丰富多彩，技艺也更成熟，并出现了"退晕""叠晕"等作法。对于以对晕、退晕为基本构图

唐修定寺塔门额浮雕

唐修定寺塔门额浮雕持蛇力士

唐修定寺塔门额浮雕交脚蹲坐力士

唐修定寺塔门额浮雕兽面

唐修定寺塔门额浮雕天女

原则的宋代彩画具有一定的启蒙作用。从敦煌石窟的大量彩画、壁画中可以看出当时运用彩画的盛况和精湛的造诣，唐代彩画图案丰富，装饰纹样生动活泼，多用团花和锦纹，西域传来的宝捆花、石榴花、莲花纹样非常普遍，佛寺中的火焰纹、宝珠等也成为彩画的题材，这一时期的彩画着色大胆，色彩艳丽，花团锦簇，明朗悦目，充满了生机盎然的情趣。唐代在建筑与雕刻、绘画等结合方面也有突出发展，在继承南北朝成就的基础上，进一步融化提高，创造出统一和谐的风格，取得辉煌灿烂的成就，佛寺的门、殿和回廊壁面都绘制各种经变题材的壁画，陵墓的墓室、墓道壁面上也绘制反映地上宫廷生活场景的壁画。著名画家吴道子和雕塑家杨惠之都曾参与建筑壁画和建筑雕塑的创作实践。

这一时期的雕刻技艺已达到非常高的水平，宋《营造法式》中所列举的四种石雕制度——剔地起突、压地隐起、减地平级、素平都已出现，并得到广泛应用，建筑中的柱础、台基、栏杆都成为用雕刻美化建筑的重点部位。

各种雕饰的运用，极大地丰富了建筑的艺术感染力，成功运用雕刻装饰的例证很多，山西省平顺县海会院明惠大师塔就是一座典型范例，该塔建于唐乾符四年（877年），是一座精美的单层方形石塔，在基座上置须弥座承托塔身，塔身仿木构建筑雕刻门窗及力神，室内有平暗天花，上覆石雕屋顶、塔刹，全塔雕刻精致，比例适度，反映出唐代建筑与雕刻相结合的高度水平。

中原西域乐器结合

隋唐时期，来自西域的重要乐器筚篥和曲项琵琶，逐渐和中原传统乐器融合，在乐队乐器的管、弦两大类中分别占有突出地位，对后世的宫廷音乐和民间音乐都有重大影响。

这些乐器可以作为独奏、重奏和合奏的乐器，也可用于伴奏。今日通行的管子和琵琶（直项），即分别是筚篥和曲项琵琶的后裔。但目前在福建泉州和陕北榆林等地尚可见到曲项琵琶的遗制。

隋唐五代时期，尚未见使用拉弦乐器的记载。宋代陈旸《乐书》中载有奚琴，置隋唐乐器之间叙述，又说它"本胡乐也""至今民间用焉"，似指它是前代以来的乐器，但目前尚缺乏其它史料来证实。唐代诗作等文献中时而可见"胡琴"一词的应用，系泛指胡人乐器曲项琵琶、五弦等，而和自宋代以后出现的拉弦乐器"胡琴"有别。

隋唐五代时期的乐队组织多种多样，不拘一格。隋九部乐、唐十部乐中最重要的乐部清乐、西凉乐和龟兹乐（在西域诸乐部中有代表性）所用的主要乐器具有以下特点：中原传统乐器篪埙、琴、瑟、筑、秦琵琶等，仍保留在清乐中使用，而未被西凉乐、龟兹乐采用。中原传统乐器被西凉乐采用的，有卧箜篌、编钟、编磬。龟兹乐中的重要乐器筚篥类、竖箜篌、五弦琵琶，被西凉乐采用，其它还有贝、铜钹、腰鼓、齐鼓、檐鼓。清乐、西凉乐、龟兹乐共同使用的乐器，除来自西域的曲项琵琶外，中原传统乐器有笙、箫（排箫）、笛、筝类。龟兹乐所用鼓类极多，而清乐、西凉乐所用较少，尤其是清乐，这和音乐的内容、情趣、风格有关。重要节奏性乐器拍板，均未见涉及；但在壁画、浮雕等资料中，它显然在乐队中占有重要地位。

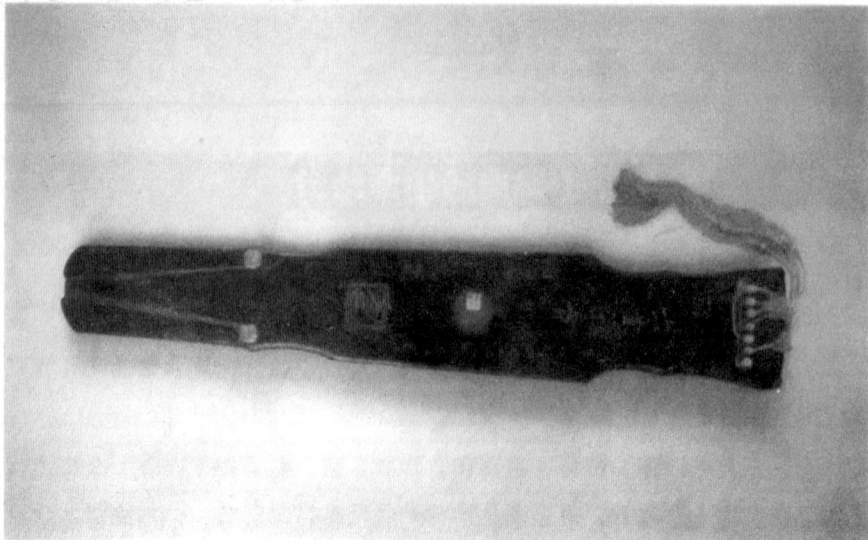

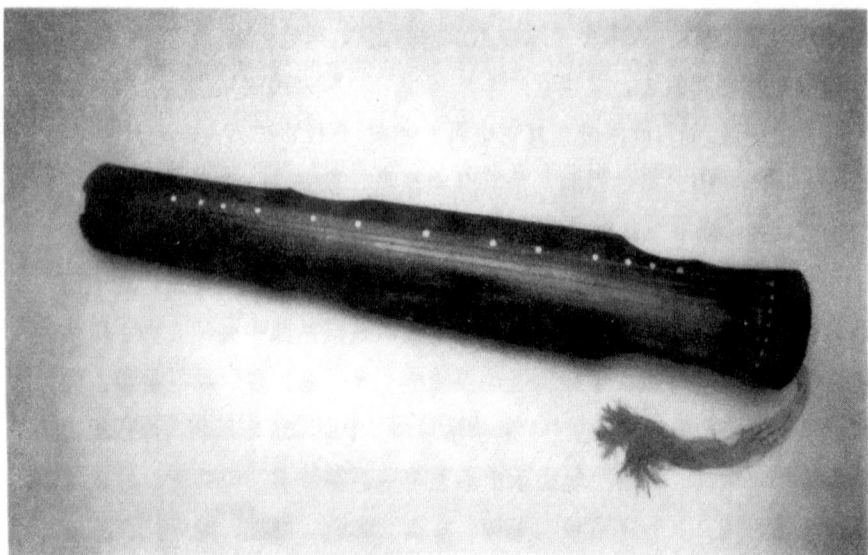

　　唐代"大圣遗音"栗壳色漆琴。此琴为神农式，桐木斫，漆栗壳色间黑色，略有朱漆修补，鹿角灰胎，发蛇腹间牛毛断纹，金徽。龙池上方刻草书"大圣遗音"四字。此琴为安史之乱后所制，四字款当系唐代宫琴的标志。此琴发音清脆，饶有古韵，造型浑厚，别致优美，是传世唐琴中最完好的一件。图为琴的正反面。

清乐、龟兹乐和西凉乐三乐部的乐器构成，大体上可分别代表本时期中原传统乐队、西域乐队和二者混合型乐队。敦煌莫高窟壁画以及出土乐俑、浮雕、线刻绘画等，关于隋唐五代的乐队资料甚多，大体上以接近龟兹乐和西凉乐两种乐队的为多，于此也可见其广泛影响。南唐周文矩《合乐图》甚为细致真实，接近西凉乐乐队，而且还有方响、建鼓，加强了中原传统清乐的色彩。

契丹文字创成

　　神册五年（920 年），辽太祖耶律阿保机由于契丹族政治、经济、军事、文化的发展需要，在文臣耶律突吕不和耶律鲁不古的参与下，依仿汉字创造了契丹国字，即契丹大字。

　　由于受到汉字与契丹语的双重影响，契丹大字成为表意文字与拼音文字的混合体。其字形结构有点像简化的汉字，有点、横、直、撇、捺等笔画，也都是横平竖直拐直角的弯。有少数字是直接借用汉字的形、音、义，例如"皇帝"、'王'等，这类字都是用来记录契丹语中的汉语借词。还有些只借用汉字的字形和字义，读音则用契丹语来读。而绝大多数契丹大字都是与汉字字形不同，是自行创制的新字。

　　契丹大字不但数量少，而且笔画简单。据《新五代史·四夷附录》，契丹大字有"文字数千"，据现有资料统计，契丹大字仅有一千余字，而 10 画以上的字约百余，占总字数的 1/10。绝大多数都在 10 画以下，这都是契丹大字比汉字的进步之处。

　　契丹大字过于模仿汉字。汉字记录汉语，汉语的特点是单词多为单音节，每个字都是单音节并都各有字义。

契丹文字《北大王墓志》

契丹大字是记录属于阿尔泰语系的契丹语，契丹语的单词多为双音节或多音节。契丹语是粘着语，即用粘着词尾的方法来表达语法关系，契丹语有元音和谐律，有时一个汉字的语音需要用几个契丹大字组合在一起才能记录，并且单词之间没有分隔符号，极不易辨认，这样在使用中存在许多弊病。辽太祖弟耶律迭剌创制了另一种更完善更进步的契丹小字。契丹大小字区别不是字的大小，而是由于创制先后不同而表现出来的拼音程度的不同。

契丹小字是参照汉字和契丹大字的字形而在汉字反切法的启发下创制的一种拼音文字。它的字母只是发音符号，也就是现代学者所称的"原字"。一般并无字义，只有拼成单词之后才有意义。据现有资料统计，原字共有 450 多个，但"数少而该贯"则是其一大特点。

契丹小字即契丹语单词分别由 1 至 7 个不等的原字拼成，并按一定规律顺序堆在一起，单词之间有间隔，极易辨认。每个原字构成的契丹小字为单体字，两个以上原字构成的则为合体字，排列顺序为先左后右、二二下推。款式系自上往下写，向右向左换行。笔画都较少，没有 10 画以上，多在 6 画左右。字体最常见的是楷书，非常适合记录契丹语，故流传于辽和金朝前期，至蒙古灭西辽时，才渐绝于世，至明代，则成为不为人们所识的古民族死文字。现在传世的契丹文字资料，大都是 20 世纪陆续出土和发现的金石材料，供后人研究。

契丹文字是古代契丹族人民为多民族中华大家庭贡献出的一份珍贵历史文化遗产，它开我国东北少数民族创制文字之先河，对于女真文字、蒙古文字和满洲文字的创制有极大影响，契丹文字记录的单词中有大量汉语借词，对中古汉语语言的构拟和汉语史的研究也提供了宝贵资料，契丹文字在中华民族文明史上占有重要的地位。

宋人使用火焰喷射器

早在西汉末年，中国人就发现并使用了石油。南北朝以后，就开始把石油应用于战争中的火攻；后梁贞明五年（919年），首次出现了用铁筒喷发火油的"喷火器"；这一切都为宋人的火焰喷射器奠定了技术和实践的基础。

北宋初年，随着火药用于军事之后，军队装备了一种结构更完善的火焰喷射器，当时人们称之为"猛火油柜"，因为它是用猛火油作燃料的。

这种猛火油柜，根据《武经总要》的记载，形状是一个长方体的熟铜柜，下端有4个脚，上方则伸出4个铜管，管上横置一唧筒，唧筒通过铜管和油柜相通，唧筒前部装有"火楼"，里面盛有引火药。

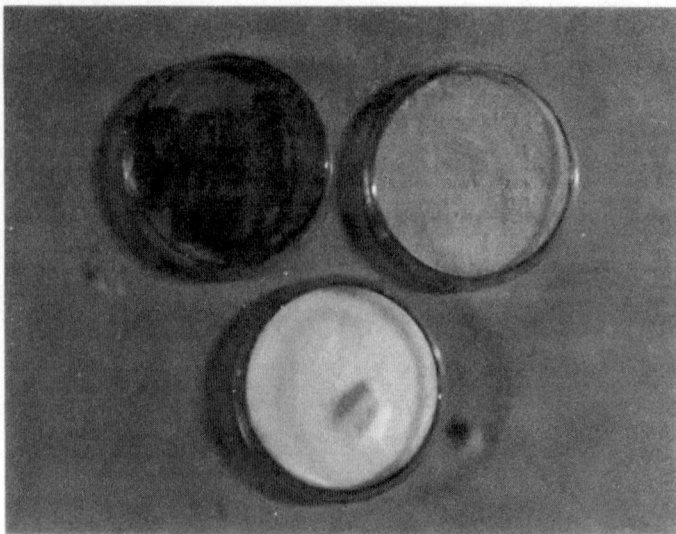

宋代黑火药的主要成分硫、硝、炭。

炼丹引爆图。火药的发明与炼丹有密切的关系。在炼丹过程中常会发生爆炸，由此启迪，发明了火药。

猛火油柜每次可注油3斤左右，发射时，先用烧红的烙锥点燃"火楼"中的引火药，然后用力推拉唧筒，向油柜中压缩空气，使猛火油自"火楼"中喷出，点燃成熊熊烈焰。猛火油柜可用以烧伤敌人，焚毁战具，水战时则可烧浮桥、战舰。

当时除猛火油柜以外，还有一种形状小巧的喷火器，是用铜葫芦代替笨重的油柜，便于携带和移动，这种小型火焰喷射器主要用于守城战和水战。

王惟一造针灸铜人

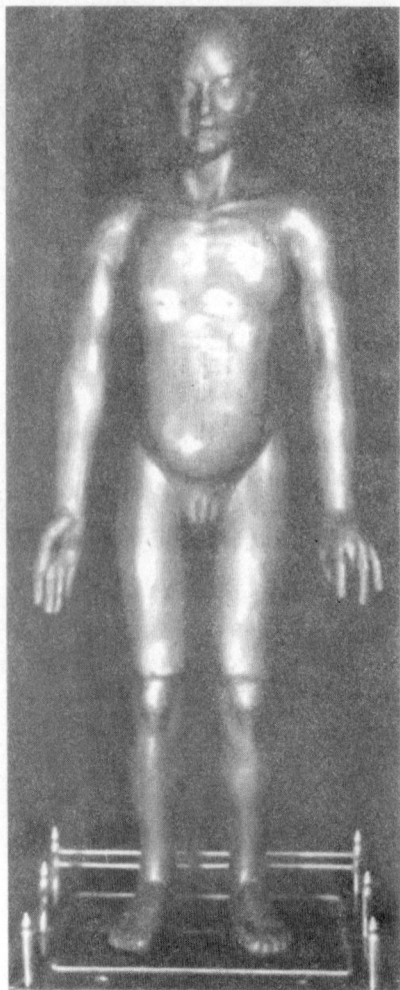

针灸铜人

天圣五年（1027年），宋代著名针灸学家王惟一奉诏设计并主持铸造成中国最早的针灸铜人。王惟一（约987年—1067年），又名王惟德，曾任太医局翰林医官、朝散大夫、殿中省尚药奉御等职。所造针灸铜人又称"天圣铜人"，王惟一还编撰了针灸著作《铜人腧穴针灸图经》一书。

"针灸铜人"是用精铜铸造而成的针灸模型，工艺精巧，体形与正常成年男子相同，外壳由前后两件构成，内置脏腑，表面刻有人体手三阳、足三阳、手三阴、足三阴和任脉、督脉等14条经脉和657个腧穴。穴孔与身体内部相通。可供教学和考试用。考核时，用蜡涂在铜人外表，体腔内注入水或水银。当被考核者取穴进针时，如选择部位准确，刺中穴位，水银或水便流出来。这种精密直观的教学模型是实物形象教学法的重大发明，对针灸学的发展有着深远的影响。

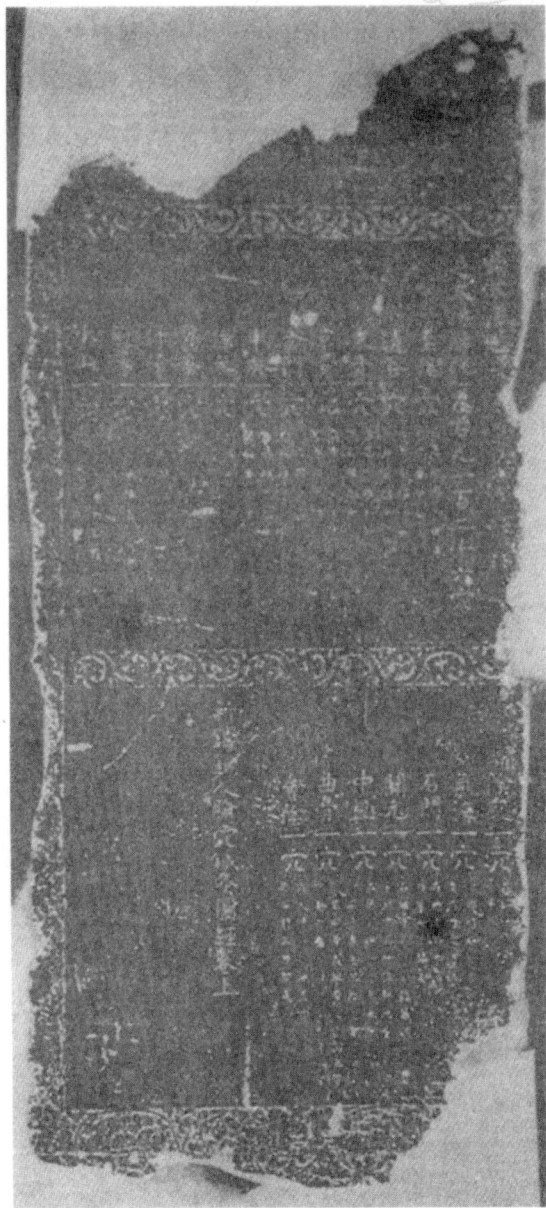

针灸图经刻石

　　针灸铜人共有两具，铸好后一具在汴梁（今河南开封）翰林医官院，另一具则存放于大相国寺仁济殿。南宋时，其中一具铜人不明去向。至明代正统八年（1443 年），鉴于另一具铜人的经络、腧穴已模糊不清，难以辨认，明英宗朱祁镇遂命能工巧匠进行复制。此后，宋代针灸铜人这一珍贵的医学文物便失于记载，下落不明。

《武经总要》成书

　　《武经总要》是我国现存的最早一部官修兵书，规模空前，它是宋仁宗时仿照以往官修正史的组织形式，专门设立书局，由翰林学士丁度和曾公亮总领一班通晓军事的文人编写的。这部书卷帙浩大，体例完备，内容丰富，非以前任何一部兵书所可比拟，可谓我国历史上第一部军事百科全书；它在许多方面具有创始性，言前人所未言，发前人所未发，对于研究中国军事学术史和兵器史有着重要的参考价值。

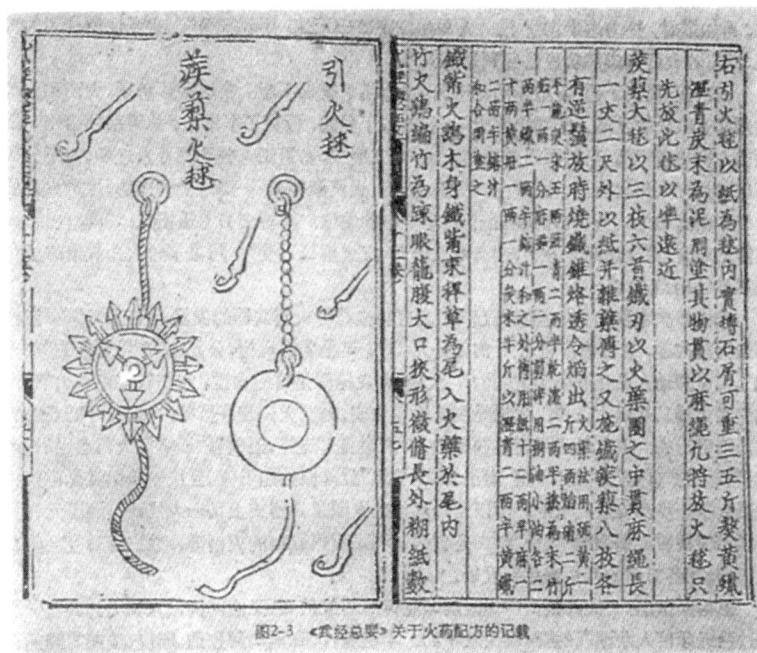

图2-3　《武经总要》关于火药配方的记载

《武经总要》中关于火药配方的记载

　　《武经总要》全书共 40 卷，分前后两集，前集 20 卷，其中制度 15 卷，边防 5 卷，论述了军队建设和用兵作战的基本理论、制度和常识，内容有选将料兵，教育训练，部队编成，行军宿营，古今阵法，通信侦察，军事地形，步骑应用，城邑攻防，水战火攻，武器装备等，并配有大量插图，以及军事地理方面的内容，比如边防各路州的方位四至、地理沿革、山川河流、道口关隘、军事要点等。后集 20 卷中，后 5 卷为阴阳占候等内容，另有故事 15 卷，依照兵法，分类介绍历代战例，比较用兵得失，总结经验教训。《武经总要》一书所开创的兵书编纂体例，对后世影响很大，如明代范景文所撰著的兵书称为《正续武经总要》，赵本学、俞大猷所撰兵书称为《续武经总要》，唐顺之、茅元仪仿效《武经总要》分别著写《武编》、《武备志》。

毕升发明泥活字

庆历年间（1041年—1048年），毕升发明活字印刷术，实现人类印刷史上一次伟大变革。

毕升的生卒时间、籍贯及经历不可考。据《梦溪笔谈》卷一八载：毕升用胶泥刻字，字的厚度薄如铁钱，每字一印，用火焙烧使之坚硬而成活字。排版时，先在铁板上放置松脂、腊和纸灰，铁框排满活字后，再在火上加热至药熔掉，用一块平板按压字的表面，使整版字平如砥，即可印刷。"若止印三二本，未为简易，若印数十百千本，则极为神速"。为了提高效率，通常准备两块铁板，一块用来印刷，一块则可排字。第一块印完后，第二块已准备就绪，这样可以交替使用，瞬息可成。每个字有几个字模，特别像"之"、"也"等字字模多达20个，以防同板内重复使用。如果有奇字，旋刻之，用草火烘烤，一会儿就能用。

活字印刷的优点主要是减少反复雕刻字模的过程。雕版印刷时，每种书

活字印刷检字拼版图

毕升像

都要自刻一套印版，用过即作废，而泥活字印刷便可印刷许多书籍而不会磨损字模，从而大大提高印刷效益。后代的木活字、铜活字、铅活字均由泥活字发展而来。毕升发明泥活字，比德国丁·谷腾堡发明铅活字早 400 多年。活字印刷术的发明，是一次印刷史上的技术革命，在人类文明史上起过里程碑式的重大作用。

中国象棋定型

北宋是我国象棋史上的大革新时代,这个象棋革新的最后结果是象棋逐渐定型为今日中国的象棋,无论是在理论上、技艺上都有较高成就,标志着中国象棋进入了一个新的发展阶段。

北宋时流行的象棋有几种形式。

(1)尹洙(1001年—1047年)著有《象戏格》1卷,可惜久已失传了。晁公武在记述该书时说:"凡五图,今世所行者不多焉。"依此推测,尹洙在1047年以前所述的有五种图谱的象棋,是与南宋流行的定型象棋不同的另一种象棋。

(2)据程颢《明道先生文集》卷一《象戏》的叙述,这种象棋有将、偏、禅、车、马、卒等子;有河界,卒过河可斜行一尖角;很可能有九宫,将在九宫内不但可以八方行一格,而且开局前放在九宫中央。

(3)《七国象戏》,是司马光(1019年—1086年)采用当时流行的两人对局的象棋而编出的,棋子以战国区别:秦白、楚赤、齐青、燕墨、韩丹、魏绿、赵紫、周居中间不动。棋子有将(以各国名代)、偏、禅、行人、炮、弓、弩、刀、剑、骑。七人对局。每人各占一国;六人对局,秦和一国"连横";五人对局,楚又和一国"合纵";至到三人对局(《欣赏编》辛集《古局象棋图》)。

(4)据《济北晁先生鸡肋集》卷三五《广象戏图序》记载北宋当时通行一种象棋,"盖局纵横路十一,棋三十四为两军耳"。

(5)有"将、士、象、马、车、炮、卒"32个子并没有河界的棋盘,纵10路、横9路。

约北宋中期的古格王国都城（现西藏札达县）白庙壁画《古格王统世系图》，是西藏仅有的吐蕃、古格王统世系图。

约北宋中期的古格王国都城（现西藏札达县）白庙壁画《二十七星宿》，是研究藏族天文历算的资料。

以上几种象棋，只有第五种民间象棋形制比较简洁，而对局的复杂性甚强。故能长期流传。这种象棋在宋徽宗时，形制已经同于今日。宋徽宗的《宫词》里有这样一首："白檀象戏小盘平，牙子金书字更明，夜静倚窗辉绛蜡，玉容相对暖移声。"（《十家宫词》）象戏即指象棋，棋盘是用白檀木制造，棋子是象牙做的，以金粉涂写成字。据《渎藏经》甲编第一辑第五十九套《支那撰述·大小乘释律部》所说可知，南宋初年民间流行的象棋，棋盘中间有河界，双方各16子。《二朝北盟会编》卷九八引曹勋《北狩见闻录》也说到了三十二子。由此可以推断，这种32子的象棋的成立，当不迟于11世纪中叶。

南宋时，象戏已成为当时群众文娱活动不可缺少的内容。

临安市内的小商店、小摊贩那里都可以买到棋子棋盘。在一般的茶肆中也置有棋具，供人娱乐。以棋供奉的宫廷棋待诏中，象棋手占了很大一部分，其中还有女棋手。宋代还有专门的棋师，姚宽《西溪丛语》卷上记载一道人善棋，是民间著名棋手。就连当时的船员和乘客都普遍爱好象棋。

棋局记载在南宋已有。如《事林广记》中发现了两局棋，其一，"白饶先顺手取胜局"；其二，"白饶先白起列手取胜局"。前者以"炮八平五，炮八平五"起局，后者以"炮八平五，炮二平五"起局。因宋代记谱方法是以黑棋为准，自左至右22方都用一至九的中文数码表示，故前局是顺手炮局，后者是列手炮局。

《事林广记》还记载了30个残局的名称，分十舱局面、人名局面和兽名局面三种，"二龙出海势"一局有图，是我国现存的最古老的一个残局图。

我国象棋在宋代定型后，爱好者不断研习、创新，逐渐丰富了着法的变化，使象棋进入了新的发展时期。

沈括上三仪等

熙宁五年（1072年），著名科学家沈括被任命为提举司天监，开始主持司天监工作。为了彻底改革旧历法，沈括将所著《浑仪》、《浮漏》、《景表》三篇科学文献上呈朝廷，并在文献中附有三种仪器的图案。朝廷采纳了他的学说，并令他对浑仪等三种观测天象的仪器进行精心的研究和加以改进，以达到改变历法的目的。至熙宁七年（1074年）六月，沈括将制成的浑仪、浮漏两种仪器上呈宋神宗，宋神宗下令将它们安置在翰林天文院。其后，沈括被提升为右正言，宋神宗还赏赐他银、绢各五十两、匹。

沈括博学多闻，于天文、地理、典制、律历、音乐、医药等无所不通，著述近四十种。他还善于用人，任提举司天监时，大胆任用淮南人卫朴，并向宋神宗推荐卫朴，说他精通历法，于是宋神宗召卫朴至京城。卫朴上任后，立即上书分析以前实行的《崇天历》和正在实行的《明天历》的弊端，于是宋神宗任命他重新制定历法。卫朴利用自己所学知识制定了新的历法，历时五年。熙宁八年（1075年），沈括将卫朴所制定的《奉元历》上呈宋神宗颁发实行，直到宋哲宗绍圣初年才改用其他历法，废止《奉元历》。

苏颂制造天文仪器

苏颂（1020年—1101年），中国宋代著名的天文学家，字子容，福建泉州南安人。他主持制作水运仪象台并撰写设计说明书《新仪象法要》，书中收录其绘制的中国历史上最重要的星图之一——全天星图，他还改造了天象仪的鼻祖——假天仪，反映中国古代天文学高峰时期的杰出成就。

苏颂从小就熟读《四书五经》，22岁中进士入仕途，终身从政，担任过馆阁校勘、集贤校理、刑部尚书、吏部尚书及宰相。元祐元年（1086年）他奉命校验新旧浑仪，在吏部守当官韩公廉的帮助下，于元祐七年（1092年）集合一批工人制造出一座把浑仪、浑象和报时装置三组器件合在一起的高台建筑，整个仪器用水力推动运转，经变速和传动装置使三部分仪器联动，浑仪和浑象可自动跟踪天体，又能自动报时，后称水运仪象台。仪器共分三层，约高12米、宽7米，上狭下宽，底层是全台的动力机构和报时钟，中层密室内旋转着浑象，上层是屋顶可启闭的放置铜浑仪的观察室。这是当时世界上最高水平的天文仪器，对世界天文学的发展起过举足轻重的推动作用。它是世界上最早出现的融测时、守时和报时为一体的综合性授时天文台，是保留有最早详细

苏颂像

资料的天文钟，可能是欧洲中世纪天文钟的祖先，而水运仪象台上层的铜浑仪是典型的赤道装置，代替望远镜的是一根望铜，这一发明比英国威廉·拉塞尔和德国夫朗和费在望远镜上使用转仪钟早了8个世纪。它也是世界上首次采用活动天窗观测室的仪器，现代天文台观测室的天窗都活动启闭，既方便观测又便于保护仪器，水运仪象台上层放铜浑仪的小屋，其屋顶就可开合。它是世界文明史上无与伦比的一颗明珠。

苏颂为能更直观理解星宿的出没，又提出设计一种"人在天里"观天演示仪器，即假天仪，它是用竹术制成，形如球状竹笼，外面糊纸，按天上星的位置在纸上开孔，人在黑暗的球体里透过小孔的自然光，

水运仪象台复制品，西方学者把这座小型天文台看成是中世纪天文钟的祖先。

好像夜幕下仰望天空。人悬坐球内扳动枢轴，转动球体，就可以设身处地地观察到星宿的出没运行。

而近代的天象仪是通过小孔发光射到半球形天幕上来演示星空的，因而假天仪是近代天文馆中使用天象仪进行星空演示的先驱。

宋采用胆铜法制铜

宋哲宗年间（1086 年—1100 年），江西饶州等地已用胆铜法产铜。其间，著名的四大铜场信州铅山场、饶州兴利场（在今江西）、韶州岑水场（在今广东）、潭州永兴场（在今湖南）除生产"石铜"（用矿石冶炼的金属铜）外，都生产胆铜。至徽宗时（1101 年—1125 年），胆铜矿床达 11 处，规模都相当大。绍兴三十二年（1162 年），信州铅山、饶州兴利、韶州岑水、潭州永兴四大铜场，年收胆铜量分别为 38 万斤、5 万余斤、80 万斤、64 万斤。

远在西汉，这种技术就已发现，是由炼丹家首先创造出来的，他们追求"点铁成金"的技术，未得真金，却发明了比真金还更有价值的胆铜法，成为世界湿法冶金的鼻祖。其原理是：铁比铜的活动性强，将铁器浸入硫酸铜溶液后，发生了置换反应，使铜分化出来附着在铁器上。此法也称"水炼法"、"水冶法"或"湿法"，硫酸铜古名"石胆"或"胆矾"，也称"胆铜法"。

胆铜法在欧洲要晚 500 多年才出现，15 世纪 50 年代，欧洲人对这种技术非常惊奇，无疑它是对世界文明的一大贡献。

沈括去世

宋哲宗绍圣二年（1095 年），科学家沈括去世。

沈括（1031 年—1095 年），杭州钱塘人，字存中。他是个天生的科学家，其成就都是在仕宦之余完成的。熙宁七年（1074 年），他任河北西路察访使；九年（1076 年）改任翰林学士、权三司使；元丰三年（1080 年），拜官为鄜延路经略安抚使；五年（1082 年），因永乐城之败贬官，晚年安居润州（今江苏镇江）梦溪园。

沈括博学多闻，在物理、数学、天文、生物、医学上都有重要贡献。数学上他创"隙积术"（二阶等差级数求和法）和"会图术"（求弧长的近似公式）。物理上他发现地磁偏角的存在，比欧洲早 400 余年。他的"秋石方"记载了世界上最早的荷尔蒙制剂的制备方法。他还创制了科学的十二气历；意识到石油的价值，表现了卓越的科学见识。

他晚年写成的科学名著《梦溪笔谈》记载了丰富的科学见闻和沈括本人的科学发现和认识。而北宋的许多科技发明，如活字印刷术、指南针应用术等也赖此书记载而流传。《梦溪笔谈》不仅是中国古代的科学巨著，在世界科技史上也有重要地位。

覆烧、火照工艺发明

中国瓷器发展到了宋代，不管在艺术外观还是瓷质上都产生了很大的飞跃，这自然得力于制瓷技术的进步。其中装烧工艺方面"覆烧"法和"火照"术的发明，对提高瓷器产量和降低烧制成本以及保证尽可能高的成品率都起到了重要作用。

所谓覆烧，就是将盘、碗、碟类器皿反扣过来烧制，包括使用一种垫圈式组合匣钵来代替单位匣钵。这种方法的优点就在于最大限度地利用窑位空间。同一窑炉，使用同样的燃料，由于窑具的改进，产量可增加四至五倍，既节省了燃料，又可防止器具变形。不足之处是：器皿的口沿都存有无釉的芒口。为此，人们又发明了口沿部包镶金、铜的工艺来予以弥补。由于这种方法降低了成本，大幅度提高了产量，因而很快在南北瓷窑中都得到了推广运用。

"火照"是窑工们用来观察、判断窑内火候的一种坯件。它多呈三角形，上端有一圆孔（▽）。这种坯件一般用碗坯改制，半截上釉；下部尖状处插入放满沙粒的一个匣钵中，此匣钵放于炉前的观火孔内。如果要了解窑内火候，就用钩子伸入观火孔内，将火照从匣钵中钩出。一般来说，烧制一窑瓷器往往要检查火候数次。发明火照后，人们每验一次火候只须钩出一个火照，根据火照显示的情况来把握窑内温度。这种设立固定参照物的方法，既使检验手续变得简便易行，又使人们能较准确地掌握窑温，从而大大提高了成品率。

郑樵建立校雠学理论

郑樵《通志》的《艺文略》和《校雠略》，完成了他的校雠学理论。郑樵在著《通志》的同时，还进行考查亡书的工作，这使他对天下图书的存亡、九流百家的源流有了更为全面的认识。为校雠学理论的创立打下了坚实的基础。

校雠学是我国古代治书的一种专门学问，研究对象包括目录学和图书馆学。郑樵收录古今目录中的书籍编成《艺文略》，得出十二类的分类法，即所收图书分为经、礼、乐、小学、史、诸子、天文、五行、艺术、医方、类书、文等十二类，类之下分157家，家之下又分282种。这种分类方法既不受四分法（经、史、子、集）的羁束，又冲破了五分、六分、七分、九分等法的

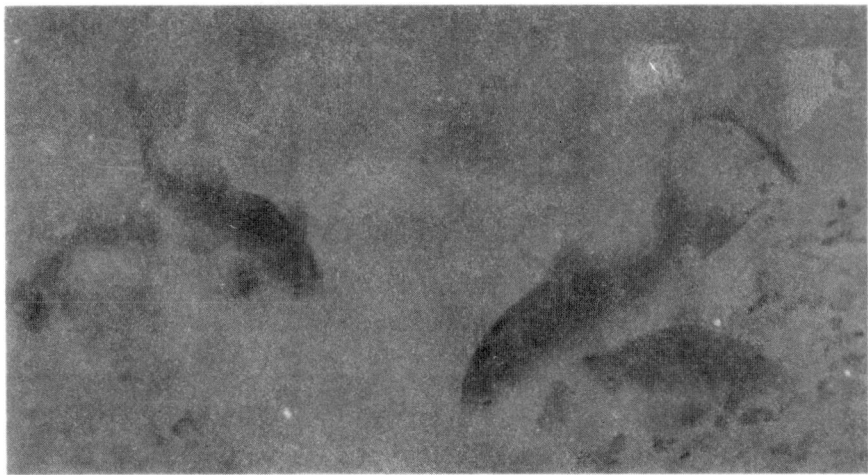

南宋《落花游鱼图》，是现存画中画鱼的杰作。

藩篱，在中国目录史上独树一帜。郑樵在《校雠略》中总结了他编志书的经验，认为以前国家收集图书不得其法，进而提出即类以求、旁类以求、因地以求、因家以求、求之公、求之私、因人以求、因代以求的"求书八法"，目的是要使政府藏书尽可能完备，天下无亡书。他认为不论是著书、校书还是修书，要想收到显著成效，提高质量，就必须选贤任能，并使校雠之官能"文其任"作为终身职业。他的目录学观点总其大要，约有五点：一是目录学的任务在于分清学术源流，使百家九流各有条理，"上有源流，下有沿袭"。二是应通录古今书籍，"纪百代之有无，广古今而无异"。三是目录应通录和求全，但通录中应注重近代之书，古代图书可稍略。四是编制目录，不妨用众手成之。五是发扬学术上的批评精神。他还反对前人著录以断代为准的方法，提出艺文志不但要记现存文献，而且要记亡传文献。

郑樵在校雠学上作出了"石渠、天禄以还，学者所未尝窥见"的贡献，起到了承先启后的作用。他不仅进一步阐发了刘向刘歆父子的校雠之义，而且为章学诚的《校雠通义》开辟了道路，在我国古典文献学、目录学理论中占有重要地位。

宋发明尖底船

单龙骨的尖底船在宋代的发明创造，是当时造船技术的最大成就。

由于海防的重要性在宋代逐渐上升，再加上造船技术大大进步，海船有重大发展。宋代的外海战船一般是木帆船，主要船型有沙船和福船两种，而尖底船的船型多属于福船，以产于福建而得名。

根据《宣和奉使高丽图经》记载，宋代远航朝鲜的海船"上平如衡，下侧如刃"，这就是尖底船。其基本结构特点是底部设单龙骨，尖底、尖头、方尾，利于深海破浪。福建产的海舟为上品，尖底福船可称是宋代最佳的深海远航木帆船。1974年在福建泉州湾曾发现一艘宋代海船的残骸，据考证，此船

石雕戏剧人物——副净

尖底单龙骨，头尖尾方，船身扁阔，并且已经采用了水密隔舱，使船的抗沉性大大增强。这艘船的构造及设计，奠定了近世船舶结构的基础，外国直到18世纪才出现了类似水密隔舱的技术。这是我国古代造船业的杰出创造，领世界风气之先。

中国算码成形

中国古代的数码有Ⅰ、Ⅱ、Ⅲ、Ⅹ、ㄣ、⊥、⊥、⊥、乂、○等多种形体，经过长期的发展，到南宋时形成了完整的体系。

蔡沈的《律吕成书》把十一万八千○九十八用文字表示为十一万八千□□九十八，两个方格用来代表空白。蔡沈的这种方法很快被大家仿效，流行起来。但画方格时一快便画成了○。大概在南宋末年，江南的数学著作中，使用了○的符号，到了金末元初，北方的数学著作也使用○的符号。这样，经过长期发展的中国数码形成了完整的体系。数码中的ㄣ后来演变成八，乂则演变发展成夕字。

算码完善以后，普通用于商业计算和数学演算，后人把这一套算码称为苏州码子字。直到阿拉伯数字传入中国后，中国的数码才逐渐废弃不用。

西夏文字创立推行

西夏文字是西夏王朝开国皇帝李元昊，为增强民族意识，命令大臣野利仁荣仿照汉文主持创制并推广使用的词符文字。总共创制6000余字，编纂成书，分12卷，称作"国书"。

西夏文字的创制受汉文的影响很深。党项族本来并无文字，但内迁后就同汉族人

西夏陵区出土的西夏文石碑

民杂居在一起，并逐渐学会了使用汉文，西夏文字的形体结构基本上脱胎于汉字，从形体上看与汉文方块字十分相像，但西夏文字亦独具其鲜明的民族特色与创新。

西夏文字从文字结构上可分解成单纯字和合体字两大类。其中单纯字是组成西夏文字的最基本单位。单纯字又分为表意和表音两种，表音字多为常用词，有固定字义、多用以构成新字。表音单纯字通常为借词、地、人名或佛经用语注音，亦用作构成新字的一种成分。合体字又可分为合成字、互换字和对称字三类。合成字是西夏文字构造的主要特征，占西夏文字总量的绝

西夏驿站传递文书时用的敕牌

大部分。合成字是由两个字、三个字或四个字中的一部分、大部分或全体互相组合成新的字。合成字又可分为会意合成字音兼意合成字、反切上下字合成字和间接音意合成字等。互换字即把一个字中的两个部位交换位置组成新字，有部位全换的，也有上换部分的，两部分互移的。对称字即用相同的两部分构成新字。

由此可见，西夏文字创制既体现了汉字的深刻影响（如构词方式、结构、笔画、字形、书写规则等），又具有自己鲜明的民族特色和创意。表现在文字笔画上比汉字更为繁复；文字构成上会意合成字较汉字中的会意字多，象形、指事字极少；类似拼音构字法的反切上下字合成法是西夏文字构成的一大特点；互换合成字别具一格等。

西夏文字创立后，政府大力推行。1036 年李元昊下令颁行，尊西夏文为"国字"，并于 1039 年建"蕃学"教授西夏文，培养官员。又设"蕃字院"国家机构，管理公文来往中的西夏文本。在政府大力推动下，西夏文字逐渐应用于西夏人社会生活的方方面面。

西夏文字创立后，党项族西夏文字与汉字并用，西夏国灭亡后，其后裔仍有人使用，元代和明代中叶均有西夏文，以后湮没。成为一种死文字。

西夏文字是党项族的宝贵财富，西夏文字的创立推行，对西夏政治、经

西夏文《大方广佛华严经》

济、文化的发展起了很大的作用，它增强了西夏人的民族意识，对西夏向汉族先进文化学习提供了条件。西夏文字至今为研究西夏的历史与文化，发挥了重要的作用。

西夏使用先进鼓风设备

　　西夏天授礼法延祚三年（1040 年）十月，在西夏煤铁资源丰富的冶铁业基地夏州设"铁冶务"这一机构管理并作为冶铁场所。还在西夏的中央政府中设"铁工院"这一中央机构统辖、管理全国冶铁业。

　　西夏冶炼技术已相当先进。其中"冷锻"技术是当时闻名的，这种"冷锻"法，即不用加热，反复锤炼使之达到精美的程度。此外，西夏还掌握了铸、锻、锤镂、拉丝、织金、镂雕、抛光、切削、鎏金、镀金、贴金等技术。而且工艺已相当精细。以上这些先进技术的掌握，有一个相当坚实的基础，

西夏陵石刻

也就是西夏当时已掌握并使用了先进的鼓风设备。

西夏使用的鼓风设备，是一种双扇木风箱。它在中国冶金鼓风技术史上占有重要地位。

西夏人使用的双扇木风箱，形体非常大，而且装有左右两扇箱盖板，由一人操作，交替推拉，可以不间断地鼓风，更好地发挥木风箱的优点和长处，增加风量，提高风压，使炉温升高，加速冶炼速度。在今安西榆林窟第三窟的西夏壁面中的"锻铁图"的左侧就绘有一人双手分别推拉两扇木风扇为锻铁炉鼓风的情景。

中国古代的鼓风技术经历了从皮囊到单扇木风扇、再到双扇木风扇和风箱鼓风的历史演变。西夏人使用的双扇木风扇显著地提高了鼓风设备的技术性能，在从单扇木风扇到风箱的发展过程中发挥了承前启后的作用，在冶金鼓风技术史上占有重要地位。

东巴象形文字创制

大约 12 世纪下半叶到 13 世纪上半叶期间，纳西族人创制了东巴象形文字。字是东巴教（纳西族的原始宗族）经师使用的文字。

东巴象形文字由 1300 余字组成，组字方式有独体象形、独体会意、复体会意和同音假借等，但是结构松散，图像不稳定，向左向右皆可，朝上朝下不拘，所以即使熟悉纳西语，认识单个的东巴字，如果不是自幼学习经文的东巴经师，仍然无法诵读东巴经文。正是这种文字所具有的浓厚的原始文字特征，学者们已把东巴象形文字作为人类文字发展史上的典型范例，并把它与古埃及的圣书字、巴比伦的楔形文字以及甲骨文、金文做比较，进行深入的研究。

八思巴字创制

忽必烈于至元六年（1269 年）颁诏正式推行国师八思巴创制的文字，把它名作"蒙古新字"，但第二年即改称为"蒙古字"。实际上，这种文字就是

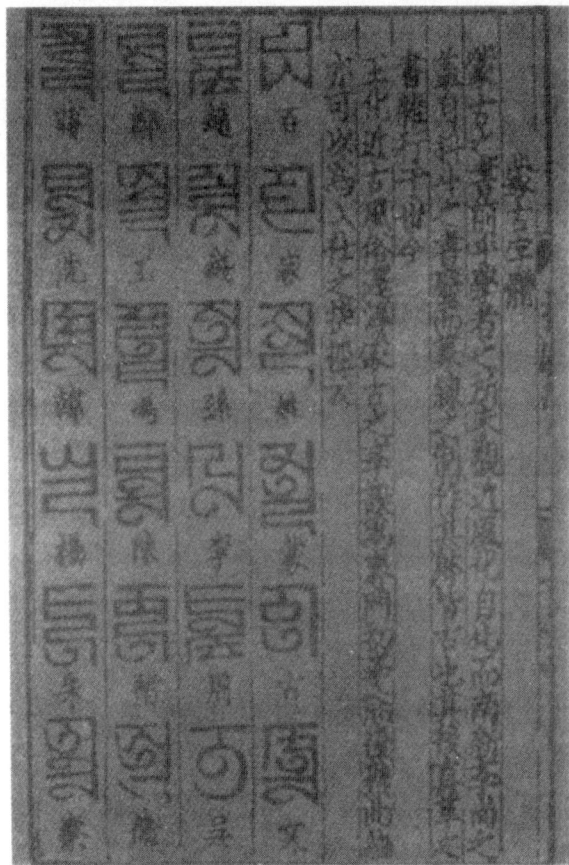

八思巴字《百家姓》，载于《事林广记》。

《蒙古字韵》。八思巴文拼写汉语的韵书，收入八思巴字 800 多个，汉字 900 多个。

元朝的国字。后世有人直称"元国字"或"元国书"。元王朝灭亡后逐渐被废弃。字母表主要由藏文字母组成，也有少数梵文字母，还有几个新造字母。字母多呈方形。字母数目最初为 41 个，后陆续增加。据现存资料归纳，包括各种变体有 57 个。

八思巴字以音素为表音单位，字母分元音和辅音，元音 a 不设专门字母，用依附于辅音字母（包括作介音的半元音字母）的零形式表示，即音节首的辅音字母（包括零声字母符号）或介音字母后面不写其他元音字母时，就表示后面有元音 a。

字母有正体和篆体两种，篆体多用于官方印章。行款从左至右直写，与藏文自左至右横写不同。书写单位是音节，不是词，与藏文相同。由于书写单位不是词，加上不使用标点符号，所以阅读时只能靠上下文判断词的界限和句子的界限。拼写汉语时不标声调，因此如果原文没有汉字对照或没有其他参考材料，往往难以确定所代表的汉字。八思巴字作为元朝官方文字，是

用来"译写一切文字"（至元六年颁行诏书语）的。据现存资料记载，它所译写的语言不仅有蒙古语，还有汉、藏、梵、维吾尔等多种语言。因此，这个文字具有不同于其他文字的一些特点。例如，八思巴字的字母数目比起译写的每种语言所需用的都要多，其中多数字母通用于各种语言，部分字母则是为个别语言所设。八思巴字行款的制订，显然也考虑了不同的语言的对象，并且在不同语言之间进行了平衡、折中，在一定的内容上互有照顾。它采用自左往右、自上而下的行款格式，是接受了蒙古文的习惯，而以音节为书写单位则继承了藏文的传统。写法问题，也是这种文字的独特之处。这种文字之所以没能竞争过任何一种原有文字，是因为它在各民族人民大众中没有基础，当时蒙古、汉、藏等民族都已有自己的文字，没有创制新文字的愿望。

八思巴字蒙古语资料和汉语资料，是探讨元代蒙古语和汉语的可靠依据，尤其是研究这两种语言的语音方面，八思巴字资料优越于其他任何可利用的同类资料，因为它对语音的记录准确而细微。

八思巴字资料在历史学方面也有很高的价值，是宝贵的历史文献。其内容涉及整个元代社会的政治、经济、文化、日常生活等各个领域。现存八思巴字资料，主要反映有关元朝宗教政策、民族关系、典章制度、历史人物、行政区划等社会情况。因此，这些资料为研究元史提供了直接的证据。

元代改革建筑结构

　　元代在建筑结构上有许多大胆的创造和革新。一方面因为元代在建设大都时，曾调集了全国各地、甚至大批西亚各地的工匠、士兵参加建都工程，广泛吸收了各地的建筑技术，将西藏地区和西亚各国的建筑结构、装饰题材和装修手法引进内地，有的建筑由域外人着手设计，这使中国的建筑技术和艺术更加多样化；另一方面元代统治者在大都的宫殿内保持了部分本民族的

洙泗渊源牌坊。"洙泗渊源"与"万世宗师"为一坊两面。这是棂星门前的牌坊，形状宏伟，高达9米。

泉州清净寺大门

先师庙明间槅扇门。制作精致，雕刻的构图及刀法表现出中国传统的精湛技艺。构图完整统一，匠心独运。

习俗，并建造了一些畏吾儿殿、盝顶殿、园殿、棕毛殿等各种形式的殿堂，也促进了建筑技术的革新与发展。同时，由于社会经济的发展和技术的进步，建筑材料和建筑技术也有了很大的进步，这也带来了建筑结构的更新和变革。

元代的建筑布局方面有了跟以往中国建筑的传统廊院式布局很大不同的创新，一些重要的建筑群均以纵深发展为主，重重院落和殿堂均排列在中轴线上，主体建筑大多采用工字形的平面，以挟屋或朵殿来烘托出主体建筑的高大雄伟。

元代建筑在结构体系、构造做法、艺术风格各方面进行的许多重大的革新和创造，大多都是为了适应大规模的建筑群的修建和加快施工速度以及节省原材料而进行的。因此元代的木构架建筑的主要发展趋势就是简洁明了、去华而求实的结构手法。最典型的表现就是在殿堂的柱网布局上，更多地使用减柱、移柱的做法。如山西洪洞广胜寺和永济永乐宫的元代建造的殿宇，都采用了不同的减柱、移柱做法，来扩大室内的空间。有的殿堂内柱又减又

先师庙月台踏跺及焚香炉。两旁蹲坐石麒麟。香炉上立4根绕龙铜柱支撑十字脊歇山顶，后者又立以歇山顶气楼，造型别具一格。

移，如广胜寺下寺的后殿等，反映出元代木构架建筑在柱网布局方面不拘定制、灵活变通的特点。

元代以梁柱为骨干的木构架体系也有许多重大的改革。首先是斗拱的结构功能减弱，用材尺度减小，外檐柱间斗拱朵数增加，以往在结构上起重要作用的昂已经很少，建筑中大多使用假昂，斗拱主要起装饰作用。唐宋时期以栌斗、驼峰和斗拱作梁柱联系的做法已不多见，而往往是将梁直接置于柱头上或插进柱中，使梁架构造节点更加简化，梁柱关系简明。一些楼阁建筑也不再运用平座形制，而是加高内柱，使上下两层贯通，也大大加强了结构的整体性。这种内柱贯通的做法对后世影响很大，明清时成为楼阁式建筑唯一的结构方式。内部梁架均用草栿做法，多用原木适当砍削，较少雕琢，既省工省料，又表现出粗犷自然的风貌。上部梁架多以斜梁作为承重构件，下端置于外檐斗拱上，后部搭在内额上，后尾压在平梁下，形成有力的杠杆体系，简单明确，又符合力学原理。这个结构设计上的大胆创造具有很高的价值。另外在建筑翼角的处理上也有重大的改进，将角柱柱径加大，埋置加深，并用抹角梁作为转角的辅助构件来承托角梁和翼角屋顶的重量，对增强建筑的整体性和翼角的刚度起到了重要的作用。

元代在建筑结构上的大胆改革和创新

《楼阁图》，无款。

取得了辉煌的成就，对后代建筑产生了深远的影响。

雕漆戗金等工艺出现

　　元朝的漆器工艺和宋朝相比，明显要进步得多。宋朝的漆器工艺显得比较纤弱，尚处于发展阶段，而元朝时则已相当繁荣，整个工艺已格外的丰满和富丽，给人一种深厚和成熟的感觉，这主要表现在雕漆和戗金两大工艺方面。

　　雕漆就是在器胎的表面厚厚地涂上漆，并且趁其未干之时，下笔雕刻花纹，最后烘干，再打磨。根据所涂漆的颜色不同，又可将雕漆分为几种，如剔红就是涂红漆，剔黄就是涂黄漆，剔彩则是将各种颜色的漆混合再涂上去，其中最常见的当数剔红。当时两个最为有名的雕漆艺人是张成和杨茂，两人都以剔红而出名。张成的剔红作品在北京故宫存有两件，一件是《观瀑图剔

"张成造"曳杖《观瀑图剔红盒》

红盒》，另一件是《栀子花剔红盒》；杨茂的剔红作品也有两件存于北京故宫，一件是《观瀑图八方盒》，另一件是《花卉纹漆尊》。两人的《观瀑图》，描绘的都是在山石树木的衬托下，一老者凭栏柱杖看瀑布，旁有两个小童伺候，唯一区别是杨茂的《观瀑图》比张成的《观瀑图》多一个小亭。从整体上来看，张成的作品中线条较为简练，而杨茂的作品则更为繁琐。

戗金就是用刀在漆器上刻划各种花纹图案，包括山水、花鸟、人物，然后填入金粉。同宋朝戗金作品相比，元朝作品中的花纹较宋朝的繁密，整体上给人富丽的感觉。当时的著名艺人有嘉兴的彭君宝。代表作有《双鸟纹经箱》和《人物花鸟纹经箱》，都存于日本。

元朝雕漆及戗金工艺的进步，为漆器工艺在明朝的鼎盛打下了基础。

王祯发明木活字

大德二年（1298年），王祯对印刷技术进行革新，发明了木活字，使活字印刷术得以推广普及。

王祯（1271年—1330年），山东东平人，著有《农政全书》，是元朝杰出的农学家、机械设计制造家和印刷技术革新家。

北宋毕升发明胶泥活字印刷术后，因成本高昂，直到元代尚未得到推广。当时仍在大量使用雕版印刷术。这种方法不但费工时，而且所刻雕版一旦印刷完毕大多废弃无用。王祯在毕升胶泥活字印刷的基础上，进行木活字印刷的试验研究，终于取得成功。他试印自己纂修的《大德旌德县志》成功，使

王祯发明的转轮排字盘，直径78厘米，高36厘米。

之成为中国第一部木活字本方志。

　　另外，王祯发现木活字在拣字过程中，几万个木活字一字排开，人们穿梭来往很不方便，于是他就设计制造了转轮排字盘，从而为提高拣字效率和减轻劳动强度创造了条件。

　　王祯不仅成功地进行了木活字印刷实践，而且还是详尽地将整个工艺过程记述下来的第一人。他在所撰的《农书》中附录《造活字印书法》，详细介绍了他发明的"写韵刻字法"、"锼字修字法"、"作盔嵌字法"、"造轮法"、"取字法"、"作盔安字刷印法"等具体操作。反映出王祯构思之巧妙和元代木活字印刷的发展。

　　木活字的发明，是印刷史上的一个重大事件。王祯之后，木活字印刷便推广开来。尤其是转轮排字法使用起来十分方便，大大提高了工作效率。这使得木活字印刷在中国古代的盛行程度，仅次于雕版印刷。

　　此外，王祯在《造活字印书法》中提到"近世又铸锡作字"，可以得出，锡活字在王祯之前便已发明，只是元朝由于"难于使墨"而不能久行。这是世界上关于金属活字的最早记载，在印刷史上具有重要意义。

分室龙窑出现

随着元代陶瓷业的巨大进步，人们对窑的改造极为关注，分室龙窑的出现就是其中的杰出代表。

分室龙窑由宋代产生的通间式龙窑发展而来，升温和降温都较快，可创造出还原性气氛，宜于烧制薄胎和石灰釉瓷器，产品光泽较好，透明度较高，釉色纯美晶莹。同时又克服了通间式龙窑的一些缺点，以适应时代的生产特点。如南宋以来，在生产仿玉产品时，人们使用高黏度的石灰碱釉，为使其釉面光滑均匀，必须控制好升降温的速度，延长保温时间，这在通间式龙窑中无法做到。再如德化白瓷的胎釉 K_2O 的含量较高，不适宜这种窑烧制。分室龙窑因此应运而生。

钧窑碗

表白釉狮尊

　　分室龙窑俗称鸡笼窑，最早见于宋代广东潮安，元代时在福建德化得到进一步发展。它是依山坡的上升之势而建造的，窑身长而宽大，窑内砌有隔墙，将其分成若干个上下衔接的窑室，隔墙上抵窑顶，下部是一排通火孔，每室的前端隔墙处留有一个燃烧空间，供燃烧木柴并设有窑门。隔墙起着挡火作用。1976年，福建德化发掘的斗宫窑遗址是这种窑的代表。

青釉刻花牧丹纹执壶

　　分室龙窑的出现适应了元代瓷器生产的时代特色，成为明代阶级龙窑的前身，也是从宋代通间式龙窑向明代阶级龙窑转变的一种过渡形式。

青花技术的兴起

青花是用氧化钴作颜料，在陶胎上描绘纹样，然后上透明釉，白地蓝花，属釉下彩绘。元代青花技术的兴起，是我国陶瓷史上的一件大事，具有划时代意义。

出土文物显示，我国人民对于钴料还原为蓝色的彩釉技术早有认识，战国墓出土的陶胎琉璃珠上已有一些蓝彩。据此推测，这时的陶器可能已使用

元釉里赭花卉纹神座

了钴料着色剂。龙泉县金沙塔塔基出土的宋青花器"青花十釉"，从氧化物的含量分析，很可能采用的是国产钴土矿而着色的。云南玉溪元代青花器所用的色料的氧化物含量与当地钴土矿的原矿十分接近，以此作着色剂的可能性也很大。

同时，西亚地区盛产钴料，早在9世纪这些地区就烧制出简陋粗糙的青花，无疑也对我国青花技术的兴起和成熟产生了巨大影响，尤其是元西征俘获的大批回族工匠被编入官营手工业作坊，并作为骨干力量，也是元朝青花技术兴起并成熟的一大因素。元代景德镇官窑使用的青化料 MnO 含量较低，含铁量较高，还有一定量的砷，与我国出产的钴料的数据明显不同，因此很可能是从西亚进口的。

中国青花技术的发展，从唐代三彩技术的运用以及对西亚伊斯兰地区青花技术的学习并加以改造，到元代中叶，这一技术成熟了。资料显示，我国的青花瓷并不是单一的钴离子着色，而是一种含有铁、锰等着色元素的天然钴土矿或其他钴料着色剂。钴、铁、锰的含

元代青花瓷海水龙纹瓶，为元代青花瓷精品。造型风格是形大、胎厚、体重、画满，从瓶口到瓶足，满饰花纹。

元代青花釉里红开光镂花盖罐，纹饰使用了绘、镂、雕塑、堆贴等多种手法，立体感很强，且色泽明快。

量及其相互间的比例和着色氧化物 Al_2O_3，含量的多少，烧制的温度和气氛等，都直接影响着青花的色泽。青花层的厚度通常只有 10 毫米左右，很难剥离，其成分也难以单独分析，然而通过对景德镇的元代青花成分的有关比例关系的分析，比较一致的看法是，其为一种低锰高铁的着色钴料。其从西亚进口的可能性很大。这种钴料绘制而成的青花色泽较浓艳，釉面上多带有黑色斑点，"至正型"一类的大型青花器，就是用这种钴料着色的。相反，用国产料着色的青花多无黑色斑疵，饰纹草率简单，器形较小，菲律宾出土的小件元代青龙器就属这类作品。

元代的青花瓷器物品种多样，有盘、瓶香炉、执壶、罐、碗、杯等，其中以大盘较多。纹饰多取材于元代服饰，常见的有菊花、莲花、牡丹、竹、芭蕉、鸭、鸳鸯、鹿、麒麟等。突出特点为胎体厚重，装饰图案繁复，纹饰层次多，如折沿大盘，盘沿多绘海水或斜方格，或卷枝、缠枝花纹；盘里绘缠枝或折枝花卉；盘心画莲池鸳鸯或鱼藻、凤凰、花卉、鹭鸶、麒麟、海水云龙纹等。

元釉里红松竹梅纹玉壶春瓶

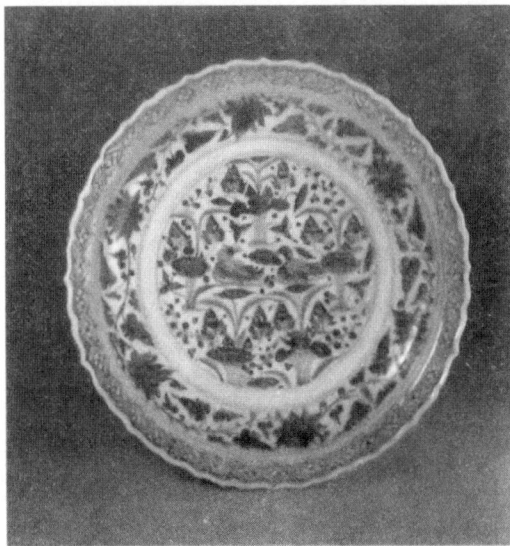

元青花鸳鸯莲纹盘

由于青花料的着色力强，呈色比较稳定，色彩鲜艳明丽，对窑内气氛不很敏感，烧成范围较宽，又是釉下彩，纹饰永不褪色，白地蓝花，明净素雅，因而深受国内外人士青睐。它一出现，就获得了世界声誉，很快发展成外销品和国际市场上的俏销货。还返销到青花的原产地西亚伊斯兰地区。中国青花几乎成为中国陶瓷的代名词，影响十分深远。

元代青花技术的兴起以及由此影响而产生的釉里红、铜红釉、钴锰釉、卵白釉等彩釉技术的成熟，说明我国人民对呈色釉剂掌握已达到相当熟练的程度，从而奠定了景德镇造瓷工艺在世界陶瓷史上的地位，为瓷器工艺美术写下了灿烂而辉煌的篇章。

元人发明火铳

目前可知中国最早的火铳是一件元代铜铸盏口铳，盏口口径 105 毫米，身管直径 75 毫米，全长 35.3 厘米，重 6.94 公斤，铳身刻有元 "至顺三年"（1332 年）等字样。文献记载火铳之名最早见于《元史·达礼麻识理传》。

火铳又称 "火筒"，是一种金属管形射击火器，以火药发射石弹、铅弹和铁弹。火铳用铜或铁铸成，铜铸较多。由前膛、药室和尾銎构成。通常分为单兵用的手铳，城防和水战用的大碗口铳、盏口铳和多管铳等。手铳轻巧灵便，铳身细长，前膛呈圆筒形，内放弹丸；药室呈球形隆起，室壁有火门，

最早的火铳。铳身铸有 "声震九天，射穿百步，至正辛卯" 等铭文。

供安放引线点火用；尾銎中空，可安木柄，便于发射者操持。有的手铳从铳口至铳尾有几道加强箍。大碗口铳和盏口铳都因铳口的形状而得名，基本构造与手铳类似，只是形体短粗，铳口呈碗（盏）形，可容较多的弹丸。有的碗（盏）口铳尾銎较宽大，銎壁两侧有孔，可横穿木棍，将铳身置于木架上。发射时，可在铳身下垫木块调整俯仰角。用于水战的碗口铳，多安于战船的固定木架，从舷侧射击敌船。三眼铳也是一种常见的多管铳，铳身由 3 个铳管平行链合成"品"形，尾部为一尾銎，安装木柄。每个铳管各有 1 个药室火门，点火后可连射或齐射，射毕可用铳头作锤击敌。多用于骑兵。

元代火铳是在宋代火器发展的基础上，依据南宋火枪，尤其是突火枪的发射原理制成的，它的创制和使用，使中国管形射击火器，出现了由竹火枪向金属火枪的一次飞跃性发展。从出土的元代火铳来看，与宋代突火枪相比，元火铳的制造规格相对统一，构造比较先进合理，而且射速较快，射程较远，杀伤力更大。火铳的发明与运用，使蒙古军队战斗力大增。据《元史》记载，至正二十四年（1364 年），达礼麻识理曾指挥一支"火铳什伍相联"的军队，屡建奇功。元末农民起义军使用火铳作战的情况更为普通。

火铳是中国第一代金属管形射击火器。它的发明，是兵器发展史上一次划时代的变革，从此火器逐步取代冷兵器，向近代枪炮方向发展。欧洲同类火器，直到 14 世纪中叶才出现。

新乐器出现

元代的乐器一方面继承了宋代、金代已有的种类，一方面又出现了一些新的乐器，著名的有火不思、七十二弦琵琶、兴隆笙和渔鼓、简子等。

火不思是一种弹拨乐器，"制如琵琶，直颈，无品，有小槽，圆腹如半瓶绒，以皮为面，四弦皮樏，同一孤柱"。据传在汉代就已传入中原，但它的流行是从元代开始的。

元代道观永乐宫壁画《乐队演奏》

火不思的来源传说是王昭君的琵琶坏了，派人重造，造出的形状很小，王昭君笑着说："浑不似。"后讹传为"胡拨四"，即"火不思"。实际上这个名称是来源于突厥语的音译。元代也有人记述它是从回回国（今俄罗斯咸海之南一带）传入的。这种乐器至今仍在甘肃、内蒙古和云南丽江流传。

七十二弦琵琶也是弹拨乐器，元朝时原在南亚西北部和西亚北部一带流行，于成吉思汗之孙旭烈兀建立伊利汗国以前西征时传入中国。七十二弦琵琶是元代根据其弦数拟定的汉文名称，与现在新疆维吾尔族乐器卡龙的形制很相似。

兴隆笙是西方风压管风琴传入我国后，经改制重新命名的一种乐器。相传是中统年间（1260年—1264年）回回国进奉的一件乐器，后由乐官郑秀改制成兴隆笙，并分定了清浊音律。它用楠木制成，外形好像双层屏风；主体如柜，起笙匏的作用，上竖着90个紫竹管，柜外伸出有15个小橛，小橛上又竖小管，有簧可鸣；柜前有两个皮风口，系有风囊。由3个乐工演奏，一个鼓风囊，一个按律管以鸣簧，一个开动机关，使木制孔雀应和节奏飞舞。兴隆笙当时是起导乐作用的重要乐器，主要在宫廷宴乐上使用。

渔鼓和简子是两种常常合并使用的击节乐器，在乐队中由8名妇女演奏。明人王圻辑的《三才图会》中描绘渔鼓简子为："截竹为简，长三四尺，以皮冒其首——皮用猪膋上之最薄者，用两指击之。又有简子，以竹为之，长二尺许，阔四五分，厚半之。其末俱略反外，歌时用二片合击之，以和者也。其制始于胡元。"这里记述的形制和击法基本与元代相似。这种乐器至今仍在流传，简子现称为简板。

元代新出现的乐器对后世乐器的发展产生了很大的影响，在音乐史上占据着重要的地位。

铜质模具出现

金属模具的专门制作和使用是铸造业的一大进步，我国古代的这次飞跃出现在元代。在荥阳楚村元代铸造遗址中出土了 17 件铜质模具，其中有犁镜模、犁铧模、犁铧芯盒、耧铧模、镂铧芯盒、犁底模、耙齿模、莲花饰模、桥形器模，模具上多见有明显的合缝和浇口痕迹，模具壁厚一般不甚均匀，但犁铧模的内腔亦是随表面形状的变化而变化的。有的铜模还有边框，以便在其中造型，既可节省型箱，又提高了生产率。在表面光洁、花纹清晰、分型画的合理性、便于起模等方面，都比较符合现代技术的要求。这些出土铜模显示了当地铸造业的繁荣和技术的巨大进步。它已被广泛应用于农器具的制造，工艺饰物等许多方面。

代耕架出现

　　大约始创于唐代的代耕架，在明代时有了较大发展，这是明代农业生产技术进步的一个主要表现。

　　明代，农业生产工具的类型和作用，基本上达到中国封建社会的经济条件和技术条件所能容纳的最大限度。用"生铁淋口"法制作的"擦生农具"具有韧性好、锋刃快、经久耐用之特点。代耕架作为耕翻农具正是在此基础上得到发展的。代耕架是在田地的两头各设立一个人字形木架。每个木架各装一个辘轳，利用杠杆原理，在辘轳中段缠上绳索，绳索中间结一小铁环。铁环与犁上曳钩，能连脱自如，辘轳两头安上十字交叉橛木，手扳动橛木，带动辘轳转，绳索缠在辘轳上，拉动犁子前进。操作时需三人，每个辘轳边一人，交替用力，扶犁一人，这样使犁一来一往，由于辘轳用力方向单一，且搬动不便，所以用两个辘轳掌握来往拉力，形同牛耕拉力，其用法如图。

　　代耕架是在耕牛缺乏的情况下解决耕作的一种方法，唐代由于铁犁不如

代耕架

明代那样，具有锋刃快、韧性好的特点，代耕架需要很多的人力消耗，到明代，擦生农具使代耕架只需三人，既省工，用力又均，不论男女均可。明代陕西总督李衍、欧阳必进在勋阳都推广使用此方法。但代耕架需三人，人力消耗也较大，用途单一、造价又高。在封建小农经济中，不可能得到较大推广，因此后来此法逐渐失传。

台阁体书法形成

台阁体是中国书法史上的一种特殊现象。洪武年间，朱元璋征诏天下善书之士，为其缮写典册、敕书和诏令等。据记载朱孔易因书大善殿匾额为皇帝所欣赏，即日被授予中书舍人一职，次日皇帝又下令凡书写内制的善书人士都封为中书舍人。据说，洪武年间中书舍人才十几个，到永乐时已增至三四十名。

当时宫廷征用善于书法者最多，要求最严的莫过于《永乐大典》的编修与缮写。该书书写体格要求极严，才能面目一致。正因为这些宫廷的要求，由洪武至永乐，书法艺术发生了显著的变化，形成了熟媚、重装饰意味的宫廷书法风貌，而且相袭成风，这就是所谓的"台阁体"，沈度、沈粲是其中的突出代表。

沈度（1357年—1434年），字民则，号自乐，华序（今上海松江）人。永乐时任翰林典籍，后为翰林学士。他擅长于篆、隶、真、行书。其楷书得法于智永、虞世南，结构圆润平正、风格婉丽飘逸，深受明成祖朱棣的喜爱，称他是"我朝王羲之"，并任命他为中书舍人，侍讲学士，凡是金版玉册，无论是朝廷自用，还是藏之秘府，颁行属国，都必定由沈度书写。他的书法成为流行一时的范例。沈度的书法代表作有楷书《敬斋箴》、《李愿归盘谷序》、《不自弃说》，楷隶《四箴》卷，行书《诗札》卷等。

沈粲（生卒年未详），字民望，号简庵，为沈度之弟，任中书舍人，官至大理少卿。当时和沈度一同被人称为"大小学士"。善写楷、行、草书，尤以草书擅名一时。《明名·文苑传》中评价说："度以婉丽胜，粲以遒逸胜。"其

草书《千字文》卷，笔势遒劲，随字形婉转，用章草的笔意，暗含篆籀遗意。与前代的草书相比，结体比智永更为奔放，但又没有怀素那样的狂态。可见其虽然摹仿古人，却又能自出性灵。沈粲的传世之作有《草书千字文》、《行书五咏诗卷》（皆藏故宫博物院）等。

车营战法形成

明中叶之后，为适应战争发展的需要，在军队中出现了一些冷热兵器配合、步骑兵与火器部队协同的新编制部队，较为典型的有京军、戚家军和孙承宗的车营。

戚继光的车营拥有佛郎机手 768 名，鸟铳手 512 名，使用火器人员共 1280 名，占全营战斗人员的 62.5%。冷兵器手有藤牌手 256 名（配火箭 7680 支），镗把手 256 名（配火箭 7680 支），大棒手 256 名，共 768 名，占全营战斗人员总数的 37.5%。步兵营与骑兵营编成基本相同，只是装备略不相同。全营编制人员总数 2699 名，其中战斗人员 2160 名。鸟铳手 1080 人（配长刀 1080 把），占战斗人员总数 50%。冷兵器手有藤牌手、狼筅手、长枪手（配大火箭 216 支）、镗把手（配火箭 6480 支）、大棒手各 216 名，共 1080 人，占战斗人员总数的 50%。

孙承宗的车营是为适应战争发展的需要，以冷热兵器配合，步骑兵与火器部队协同而编制的新部队。

明末天启年间，为抗击后金优势骑兵的突驰，以兵部尚书之职兼东阁大学士统领山海关、蓟、辽、天津、登、莱诸处军务的孙承宗一面修城筑堡、设置重炮防守，另一方面为加强野战能力，创立了以枪炮等火器为主要装备的"火力部队"，即车营。

孙承宗建车营既吸收了戚继光车营的经验，又有新的发展。他的车营在车、步、骑、炮、辎合成编组的基础上，又增加了水师营。

孙承宗的车营，采取步、车、骑兵混合编制，使诸兵种的合成编制更趋完备。如步骑合成车营，基本建制为队，全营共有骑兵 2400 骑，步兵 3200 人，步骑合计 5600 人，装备火枪 1984 支，轻重火炮 344 门，编厢车 128 辆，火力和机能能力都较强。孙承宗车营中的水师营共有沙船约 100 只，水兵 1500 人，佛郎机炮 384 门，枪 470 支。

中国开始使用地雷和水雷

　　明朝初年（15世纪初），中国已开始使用地雷。地雷是设置在地下或地面的爆炸性火器，早期的地雷构造比较简单，多为石壳，内装火药，插入引信后密封于地下，加以伪装，当敌接近，引信发火，引爆地雷，后多次改进。万历八年（1580年），戚继光曾制"钢轮发火"装置地雷：在一木匣内装钢轮和燧石，用绳卷于钢轮轴上引出，拉动绊绳，匣中的坠石下落，带动钢轮转动，与火石急剧摩擦发火，引爆地雷，从而大大提高地雷发火时机的准确性和可靠性，由于弹体的多样性，点火方式也多样化。地雷10多种，用铁、石、陶或瓷制成，发火装置有触发、绊发、拉发等，布设方式也多样化，有单发地雷也有"子母雷"。

　　水雷是布设在水中的爆炸武器，内设起炸装置和炸药，同地雷原理一样。明代水雷主要有4种，即水底龙王炮、混江龙、水底雷、即济雷，类似现在的漂雷和沉雷。最早的水雷当属"水底雷"，它是世界上最早的人工操纵机械击发的锚雷，实际上是一种拉发锚雷，将铁壳雷放入密封大木箱内，沉入水中，下用铁锚定位，上用绳索连发火装置拉到岸上，敌船接近，岸上伏兵拉火引爆。水底龙王炮是世界上最早的一种以香作引信的定时爆炸漂雷。用香作引信，点燃香头，香烬火发，进而爆炸。混江龙也是用绳索拉动发火装置等。

预防医学的重大成就——种痘发明

明朝中叶以后，不仅中国传统医学获得了巨大进展，而且在预防医学方面也成绩斐然，这方面的最突出代表就是种痘的发明及在民间的传播。

自从公元 2 世纪天花传入中国以后，这种波及面广、为害严重、流行史甚长的烈性传染病危及了无数人的生命，晋代医家葛洪的《肘后备急方》对其作了最早的描述。对此疾病的预防和治疗我国古代医家曾进行了不懈探索，并取得了一些成果。而种痘的发明正是这不懈努力的结果。

种痘起源于何时，现在尚无法确定，1884 年刊行的《种痘新书》说它是由唐开元年间江南赵氏创制的；1713 年朱纯嘏《痘疹定论》说它出现于宋神宗时，发明人为峨眉山神医，该人曾为丞相王旦的儿子接种人痘预防天花。然而 1727 午俞茂鲲《痘科金镜赋集解》说种痘出现于明隆庆年间（1567—1572），该文献表明当时宁国府已有很多人接受这一预防天花的方法，从此这种方法开始在民间广为传播。因而，断定我国的人痘接种术发明于 16 世纪中叶以前应当毫无疑异。

人痘接种术发明以后，由于诸多原因，未能及时推广，一切都在民间医家之间自发进行，后来才逐渐被儿科医生所掌握。1681 年，康熙皇帝认识到这是一种行之有效的预防天花的方法，诏令江西种痘医生朱纯嘏为皇亲国戚和宫廷官员的子孙种痘，取得了良好的效果。清政府借此机会迅速向全国推广，使得无数的人因此受惠。1742 年颁布的《医家金鉴》详细记载了人痘接种术。

至于当时种痘方法，据 1695 年成书的《张氏医通》记载主要有痘衣法和鼻衣法（包括浆苗法、旱苗法、水苗法），在传播过程中其技术不断改进。清未奕梁《种痘心得》介绍的痘种选育方法与现代疫苗的科学原理完全相同。当时种痘技术相当完善，而且成功率很高，据张琰《种痘新书》记载，在种痘的六七千人中，失败者仅二三十人，成功率高达97%。因此，其技术在全国城乡得以迅速推广并传播到国外，1688年俄国就派人来中国学习种痘技术，在传播到土耳其后，由英国驻土耳其公使夫人蒙塔古带回英国推广，从此，在欧、亚、美各洲广泛传播。而1796年，英国人琴纳创造的牛痘预防天花的技术则是直接受中国人痘技术的启发而获得成功的。

人痘接种术不仅是牛痘发明前我国人民预防天花的创造性成就，而且是人工免疫法的先驱，它使世界上无数生灵免遭天花这种烈性传染病的威胁，为世界防疫医学作出了重要贡献。

嫁接新果树技术出现

明代果树嫁接出现了匕首接和寄接两种全新的技术。

用现代术语说，匕首接就是根接，寄接就是靠接。匕首接将不同种类的树嫁接起来，达到杂交的优势；而寄接则为嫁接那些不易成活的植物提供比较可靠的无性繁殖措施。

因此，现代所用的嫁接技术除了丁字形芽接发轫于近代以外，在明代都已具备。

农耕出现新技术

明代的农业耕作栽培技术，在总结前代的基础上有新的突破，主要有以下几个方面：

浅耕灭茬 明代北方干旱地区，夏耕或秋耕已形成一套完整的耕作法：浅—深—浅。清代《知本提纲》对此作了概括："初耕宜浅，破皮掩草；次耕渐深，见泥除根；转耕勿动生土，频耖毋留纤草。"第一个"浅"即浅耕灭茬，《齐民要术》曾记载这种措施。明代则把它列为耕作的第一道工序，是抗旱保墒的重要环节。义称耪、挖地。

砂田栽培 砂田是半干旱地区的一项独特创造。主要分布在甘肃中部、青海、河西一带。砂田有旱砂田和水砂田。它的建设程序是：先深耕土地，施足底肥，耙平墩实，在土面铺上粗砂和卵石或石片的混合体。旱砂田8—12厘米厚，水砂田6—9厘米，每次有效利用期为30年左右。砂田老化后可更新。它具有增温、保墒、蓄水保土、压碱改良等综合性能，能起到明显增产效用。

亲田法 其实质是精耕细作的旱涝保收田或试验田。耿荫楼在所著《国脉民天》中提出的。具体的方法："有田百亩者，将八十亩照常耕种，拣出二十亩，比那八十亩件件偏他些。其耕作、耙耢、上粪俱加数倍……旱则用水浇灌，即无水亦胜似常地。"遇到丰年，特殊的20亩收成几倍于另80亩；有旱涝，能保持与80亩丰收一样；若遇蝗灾，20亩之地也易补救。因为耕作时对一部分地特别亲厚，所以耿荫楼称之为亲田。这对改进渤海之滨的青、齐等州"种广收微"的现象有现实意义。而且第二年又拣另20亩作为亲田，这样百亩之田就逐步得到改良。

套犁深耕 深耕对南方的水田耕作很重要。明代深耕要求在八九寸，不

明《耕获图》壁画（山西新降县稷益庙），反映了当时的农业生产过程。

超过一尺。为了能深耕，明时创造了两种套耕方法：一是人耕与牛耕相结合的套耕法。《吴兴掌故集·禾稻》载："……尝见归云庵老僧言，吾田先用人耕，继用牛耕，大率深至八寸……"另一法是双犁结合的套耕。

看苗施肥　明代后，施肥技术越来越细致。明末的《沈氏农书》精辟地记述了基肥与追肥的关系："凡种田，总不出'粪多力勤'四字，而垫底（即基肥）尤为紧要。"至于追肥，"盖田上生活，百凡容易，只有接力（追肥）一壅，须相其时候，察其颜色，为农家最要紧机关。"即今天的看苗施肥法。其中"相其时候"就是指依据作物发育阶段；"察其颜色"即指依据作物的营养状况。

小麦移栽　这是浙江嘉、湖地区农民的一大创造。《沈氏农书·运田地法》载："八月初，先下麦种。候冬垦田移种，每棵十五六根，照式浇两次，又撒牛壅，锹沟盖之，则秆壮麦粗倍获厚收。"即先育好小麦秧苗，等晚稻收获后再移栽，从而解决小麦与晚稻争时、争地的矛盾，避免或减轻大田直播小麦的虫害。

孙云球制造光学仪器

明末清初，孙云球制造光学仪器70余种，"巧妙不可思议"，成为当时著名的光学仪器制造专家。

孙云球（17世纪30—60年代），字文玉，又字泗滨，吴江（今江苏吴江县）人，自小喜欢钻研，玩弄器械之类，曾设计创制"自然晷"来测定时刻。明末清初，随着传教士大批来华和贸易的发展，许多物品由国外传入中国，其中眼镜当时也由国外传入，尤以远视远镜为主，这种远视眼镜质料为玻璃，对于中国来说，是一种稀有的贵重物品，孙云球根据这种远视玻璃眼镜，用手工磨制水晶石代替玻璃，制成远视和近视眼镜，并采用"随目对镜"验光制镜，使患者配到合适的眼镜，苏州以此为开端成为我国制造眼镜的重要地方之一。孙云球在磨凸、凹透镜的基础上加以改进，制造出我国第一台望远镜，并创出存目镜、多面镜、幻容镜、放光镜、夜明镜等70余种光学仪器，且进一步总结了制造各种光学仪器的经验，写成《镜史》一卷，在各地推广，使当时许多市场"依法制造，各处行之"，大大促进了光学仪器事业的发展及科技水平的提高。

汤若望获释

汤若望，号道朱，德意志人，通晓天文历法。顺治、康熙年间，掌管钦天监达 20 年，并著有《时宪历》。顺治十七年（1660 年），不满西方人士主持修历的安徽歙县人杨光先上书讦告汤若望"借历法以藏身金门，窥伺朝廷机密"，"立天主教堂于京省要害之地，传妖书以惑天下之人"，且在《时宪历》上写着"依西洋新法"五字，是"暗窃正朔之权以尊西洋"。康熙三年（1664 年）七月，杨光先再次上书参劾汤若望等谋叛、惑众、新传十谬诸大罪。八月，礼部开始传讯汤若望等传教士以及钦天监监副李祖白、翰林许之渐、汤若望义子潘尽孝等有关人员。审讯达四个月，至康熙四年（1665 年），康熙帝命将李祖白等五名钦天监官员处斩，汤若望及其他同案犯人则在押待处。不久，康熙帝的祖母（孝庄文皇后）对辅臣如此对待汤若望深表不满，命令立即释放。

康熙五年（1666 年）七月十五日，汤若望在北京病逝，时年 74 岁。康熙八年（1669 年）八月，康熙帝为汤若望、李祖白等平冤昭雪。恢复汤若望的"通微教师"称号，追赐其原官，归还其教堂建堂基地，按照原品赐予祭恤费用。

南怀仁建新仪器

明末清初守旧和革新两种天文学体系的不断较量，胜败时有反复。直到康熙八年（1669 年），守旧势力完全失败，清政府废大统与回回二法，重新采纳《新法历书》体系。南怀仁对此起到了十分重要的作用。康熙八年初，清政府任命南怀仁为钦天监监副；同年八月，南怀仁上疏请改制新的天文仪器，并呈上新仪器的

赤道经纬仪。清康熙十二年（1673）造。主要用以测定太阳时，天体的赤经差和赤纬。

式样，用以代替大多已毁坏的旧的天文仪器，结果获准。

康熙十二年（1673 年），按南怀仁所绘图样所造的 6 台天文仪器赤道经纬仪、黄道经纬仪、地平经仪、地平纬仪、纪限仪与天体仪全部完成，放置于清观象台上。由于其时历法已采用了欧洲体制，用了 360° 制和 60 进位制，这些天文仪器也一律改用了新体制。南怀仁还写出以上仪器原理及其使用方

清康熙十二年（1673年）造纪限仪（即六分仪）。

法的说明《灵台仪象志》呈给皇帝，后被提升为钦天监监正。

赤道经纬仪类似于古代浑天仪，功能也大致相同，主要是作恒星位置相对测量和真太阳时测量的。但它刻度是新制且较精密，在结构上与传统仪器也稍有不同，如中间极轴上不安装望筒，在固定的赤道环上和可转动的赤经环上各有四个游表，以游表上的缝与极轴、天体在一个平面上为对中目标，并在卯酉面上通过南天极装有半环，使仪器赤道有四个支撑点以防止赤道变形。

黄道经纬仪外形和赤道经纬仪相像，最主要的测量功能是作天体黄道坐标的相对测量和各节气的官度，也有负圈附件用在测量在黄道上的天体。

地平经仪和地平纬仪外形完全欧洲风格，但有纯中国化的龙装饰，其功能和郭守敬所制简仪附属的立运仪相同。但其分成功能单一的两仪，不够紧凑。

纪限仪测量两个天体之间角距，还能量日月及晕的直径，纯属西方天文仪器。

天体仪在中国古代称浑象，可以模拟天体运动，演示不同时间的天象，造型为直径6尺的大铜球上布满大小不同的铜星，表示肉眼所见亮暗不等的恒星。

南怀仁的天文仪器的制成再一次显示出清代天文学从大的格局上仍然处在传统天文学的框架中。

南怀仁铸神勇大炮

南怀仁铸的神威将军炮

康熙十三年（1674年）八月，康熙命治理历法的南怀仁造火炮应军需之急。于是，南怀仁尽心竭力，运用妙法制造出轻巧的火炮。次年五月，火炮铸成。康熙亲往卢沟桥炮场检验。这种炮炮身小，火力强，命中率极高，可放置在骡马背上行军，非常轻便，容易运输。康熙对此大加称赞。从此，这种火炮大量生产，一年内铸造约350门。清军将士称此炮为"得胜炮"，康熙二十年（1681年），康熙帝将其定名为"神威将军炮"，并用它武装八旗军士。

南怀仁还向康熙帝呈上《神炮图说》一书。在书中，他详细地介绍了这种炮的制造方法和使用技巧。康熙又谕命南怀仁制造各种型号更有威力的火炮。此后，南怀仁又制造了其他型号的火炮，并对旧炮加以修理。康熙为表彰南怀仁的功劳，加封他为工部右侍郎。南怀仁铸造的火炮，轻便利于登涉，应了军需之急，在铸炮史上值得大书一笔。

戴梓制造火器

　　戴梓，字文开，浙江仁和（今杭州市）人。生于明末，卒于康熙年间。他博学多能，通晓天文、历法、河渠、诗画、史籍等，对机械、兵器制造尤为精通。康熙平定三藩之乱时，他被康亲王杰书礼聘从军。从此，他充分发挥自己的卓越才能，创造和仿制了一系列先进的机械工具和兵器。

　　旧式火铳有点火慢、易受潮、使用起来不方便的缺点。戴梓总结旧式火器的利弊后，吸取其他火器，包括西洋火器的优点，创造出一种"连珠铳"。这种铳，形若琵琶，可以连续发射28粒子弹。构造和用法与现代的机枪有些相似，以机轮控制弹药，使用比较方便，并使军队战斗力大为提高。后来，戴梓还奉康熙帝之命制造出一种"冲天枪"，又名子母炮，长二尺一寸，重约300斤，弹道弯曲。这种炮的炮弹大如瓜，内设空穴可装火药，同时可根据射程决定用药量。炮弹发射爆炸时，从天而下，片片碎裂，杀伤力很强。在平定噶尔丹叛乱中，这种火炮发挥了重大作用。戴梓制造的许多兵器，后来都被列入《钦定工部则例造火器式》，成为工部依式定造的样板，全国通用，戴梓也因此被人称为火器专家。

杨柳青年画行销北方

晚清天津杨柳青年画《双美图》

杨柳青镇位于天津城西，古称"柳口"，地处运河、子牙河、大清河沿岸，水陆交通便利，市肆林立。这里是北方木版年画的重要发源地。

杨柳青年画始创于明代，最早的画铺有戴廉增和齐健隆两家，后来逐渐发展扩大为廉增、美丽、廉增丽、健隆、患隆、健惠隆六家，甚至扩展到北京、绥远等地。较大的作坊，一家能有50多个画案，200多名工人，每年印制年画100万张以上。至清代中晚期，杨柳青及其周围30多个村庄都从事年画的生产，以至于"家家都会点染，户户皆善丹青"；产品行销北方各省以及东北、内蒙古、新疆等地，成为北方年画的主要产地。

杨柳青年画题材范围较

清初天津杨柳青年画《竹报平安》

广，包括风俗、历史故事、戏曲人物、财神、娃娃、美人、花卉、山水、神码、楼阁、走兽、博古以及十样锦、吉祥富贵图样等，其中大多数题材都是北方人民所喜闻乐见的，这是杨柳青年画之所以大受欢迎的主要原因之一。

　　杨柳青年画制作精细，分画、刻、印、描开脸等多种工序，以线刻单色版加人工刷色为制作特征，其风格受北方版画和清代院体画的影响；用线精细纤巧，柔丽妩媚，用色追求沉着协调而色彩秾丽的强烈对比效果，与清代丝织刺绣等的用色有一定联系。

　　因时尚的变迁，杨柳青年画在题材与风格方面在不同时期各有变化。清代乾隆、嘉庆年间，是杨柳青年画最兴盛的时期，由于社会安定、经济繁荣，年画题材以历史、戏曲题材为主，场面热闹，绘制细致，设色雅丽。鸦片战争后，国势渐衰，国难危殆，社会思想动荡活跃，除了表现民众美好理想的题材，如发财致富、五谷丰登、山河壮美、除暴安良等以外，反映时事的作品不断出现。如讥讽慈禧的《回銮图》、赞扬人民起来反抗的《京师女子学堂》，还有表现中国人民反帝斗争的年画，如反映1870年天津教案的《火烧望海楼》等。太平军进驻天津时期，杨柳青年画则以花鸟山水为题，绘制清隽。清末，上海画家钱慧安来杨柳青绘稿，初期追求文雅，多拟典故与前人诗句，赋彩淡匀，代表了文人画题材、作风，后期渐转向世俗化。钱氏对杨柳青年画改进产生了一定影响。清代末年，杨柳青年画尚有一定规模，但已日趋衰落。

杨柳青年画行销于北方各省，其线刻精工细腻，染色强烈鲜丽的风格对河北武强年画，山东杨家埠、高密及陕西凤翔等地的年画创作产生了极大的影响。

张明山开创"泥人张"

张明山（1826年—1906年），名长林，河北深州（今深县）人。12岁即作彩塑捏像，18岁一举成名。因常与文人学士及书画家交往，时相唱和，赋诗论画，其彩塑比之一般民间艺人的作品具有较高的艺术情趣和审美意识。

张明山的彩塑技法娴熟，线条严谨流畅，形象生动，尤以人物塑像最为

泥人

逼真传神。相传他捏塑肖像时，往往在与人交谈中，"搏土于手，不动声色，瞬息而成。面孔径寸，而形神逼肖，发眉欲动，观者莫不叹绝。"张明山创作的泥塑作品数以万计，题材有人物塑像、婚丧嫁娶等民俗风情、古典文学和民间传说等。其中，反映民间风俗的"宾仪式"场面庞大，人物形象生动。"惜春作画"、"黛玉抚琴"、"张敞画眉"等曾进贡清廷，现藏于北京故宫博物院和颐和园。张明山还创建了彩塑作坊"塑古斋"，传授技艺，培养人才。其子张兆荣、孙张景祜均承家业，对泥塑艺术有所发展。从张明山起，世代沿称"泥人张"，名播海内外。

姜别利制定汉字印刷版式

清咸丰十年（1860 年），美国人姜别利正式制定汉字印刷版式，为中国近代汉字活字版印刷之始。

姜别利是 1858 年奉派来华主持美华书馆工作的。美华书馆是美国基督教长老会设在中国的出版、印刷机构，前身为澳门的花华圣经书房，1845 年迁址宁波后改名美华书馆。1859 年又迁址上海，先后设厂于四川北路，设发行所于北京路。书馆主要出版宣传教义的书籍，也出版一些英语、数学、物理、化学等方面的书籍。姜别利在实践中积累经验，摸索创新，为近代汉字活字版印刷作出了开拓性贡献。

姜别利采用黄杨木刻坯（后改用铅坯）刻字，然后又对之进行不需要电源的化学电镀，镀成紫铜字模心，将之镶嵌于黄铜模壳上，经锉磨后即成字模。他又制成汉字大小字模 7 种，按大小定名为显字、明字、中字、行字、解字、注字和珍字，以后又改称为 1 到 7 号字。

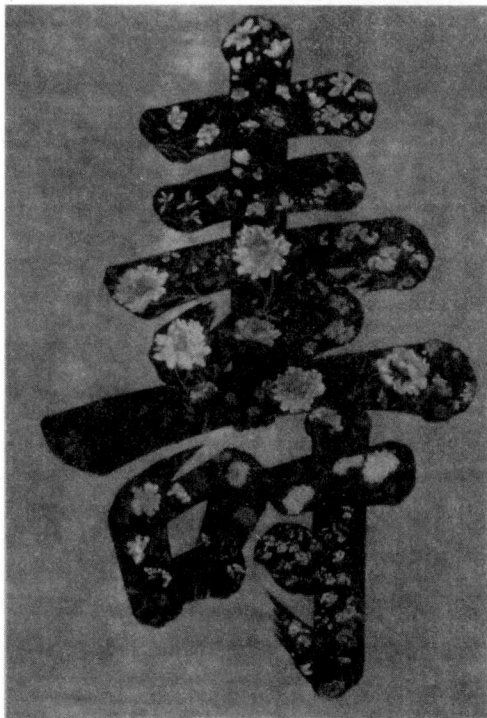

1860 年姜别利按照《康熙

清代缂丝大"寿"字轴

字典》214 部首查字法排列活字，选出 5150 个汉字作为一副字的字数。又按汉字的使用频率分为繁用、常用、备用三类，分别装放于大小不同的字盘内，计繁、常用字盘 24 盘（现称"廿四盘"），备用字 64 盘；他又设计制成了"八字式"排字架，用于放置三类 88 盘汉字。1869 年，姜别利把他的电镀制模技术和 7 种汉文活字字样传授给日本人，成为中国和日本两国通用的号数制活字。

姜别利为中国近代汉字活字版印刷作出了杰出的贡献，奠定了近代汉字活字印刷的基础，对后世影响巨大。后来国内印刷、出版机构印刷汉文基本沿用姜氏首创的汉字印刷版式。

侯德榜创"侯氏碱法"

侯德榜（1890年—1974年），字致本。福建闽侯（今福州市）人。清华留美预备学堂高等科毕业。后入美国麻省理工学院学习化工。1921年获美国哥伦比亚大学哲学博士学位。同年被范旭东聘为塘沽永利制碱公司技师长。从此成为范兴办化学工业的主要技术伙伴。1926年6月，在索尔维法保密的情况下，自行研制，生产出洁白的纯碱。其产品"红三角"牌纯碱在美国费城万国博览会和比利时工商博览会上获金奖，被誉为中国近代工业进步的象征。1935年被中国工程师学会广西年会公推为第一届金质奖获得者。1934年后，负责筹建中的永利化学工业公司宁厂的技术工作，引进美国氮气工程公司的先进技术，并亲自选购设备，监督施工，培训人才。1937年，宁厂建成投产，侯德榜出任厂长。陆续生产出合成氨、硫酸、硫酸铵、硝酸等产品。抗战期间，随永利化学工业公司往四川，协助范旭东在乐山五通桥建立永利川厂。因索尔维法制碱成本太高，而国外又实行技术封锁，遂决心自行研制开发。

1941年，制造纯碱与氯化铵的新工艺研制成功，经范旭东提议，命名为"侯氏碱法"。1943年完成了从合成氨开始的联合制碱流程，使大批量制碱变为现实。同年在中国化学学会第十一届年会上，"侯氏碱法"获"中国工程学会一届化工贡献最大者奖"。1964年，"侯氏碱法"实现工业化生产，正式命名为"联合制碱法"。

侯德榜的著作有《纯碱制造》（英文版、俄文版）和《制碱工学》（中文版）。除研制成功"侯氏碱法"外，并研制成功以碳化法生产碳酸氢铵的工艺，使化肥产量迅速增加。

侯德榜以其卓越的成就成为中国现代化工技术的奠基者。